윤리와 사상
누구나 한 번은 알고 싶었던 인문 교양

윤리와 사상

누구나 한 번은 알고 싶었던

인문교양

초판 1쇄 발행일 2014년 9월 1일
초판 2쇄 발행일 2015년 1월 8일

지은이 문종길
펴낸이 양옥매
디자인 이윤경
교　정 조준경

펴낸곳 도서출판 책과나무
출판등록 제2012-000376
주소 서울특별시 마포구 월드컵북로 44길 37 천지빌딩 3층
대표전화 02.372.1537 **팩스** 02.372.1538
이메일 booknamu2007@naver.com
홈페이지 www.booknamu.com
ISBN 979-11-85609-65-2 (43190)

이 도서의 국립중앙도서관 출판시도서목록(CIP)은 서지정보유통지원 시스템
홈페이지(http://seoji.nl.go.kr)와 국가자료공동목록시스템
(http://www.nl.go.kr/kolisnet)에서 이용하실 수 있습니다.
(CIP제어번호 : CIP2014024813)

윤리와 사상

누구나 한 번은 알고 싶었던

인문교양

문종길 지음

책과나무

Contents

'인문학은 부채'라는 생각을 종종 한다. 이런 생각을 하는 데에는 몇 가지 이유가 있다. 우선, 무더운 여름 몸의 열기를 식혀 주는 부채처럼 인문학은 가슴속 들끓는 우리 욕망의 불길을 진정시켜 주는 역할을 하기 때문이다. 우리의 삶에 일정한 제동 장치를 마련해 놓고, 이를 상황에 따라 적절하게 작동시켜 제어할 수 있도록 해주는 것이 인문학이다.

또 부채가 얼굴을 가림으로써 밖으로부터 우리를 지켜 주는 역할을 하듯이, 인문학은 자신의 영혼을 거래하도록 강요하는 외부의 압력과 유혹으로부터 스스로를 지키는 힘을 만들어 낸다. 그렇게 해서 우리의 영혼이 질서와 안정을 유지할 수 있도록 해준다.

그뿐만 아니라 부채는 무(無)에서 바람[유·有]을 일으켜 지친 사람의 기운을 회복하게 하는데, 인문학 또한 지친 우리의 영혼과 마음이 다시 생명으로 역동할 수 있도록 기운을 제공한다.

이처럼 내적으로는 스스로 자기 삶의 주인이 되게 하고, 외적으로는 자본과 명예의 압력으로부터 자신을 지키도록 도와주는 것이 내가 생각하는 인문학으로서 철학이다.

'인문학'이 하나의 신드롬을 형성하고 있는 요즘, 그래서 새삼스럽게 현대인의 삶과 우리 사회를 다시 돌아보게 된다. 쉼 없이 경주마처럼 빨리 달려야 하되 한순간도 헛디디는 실수나 실패를 해서는 안 되는 사회, 만약에 헛디디면 다시 일어설 수 없이 영원한 패배자에 머무르도록 기획된 사회가 우리의 현실 모습이다. 또 자신이 갖고 있는 자본과 그에 따른 자신의 소비 능력이 곧 행복과 인격, 사회적 지위의 척도로 평가받는 것이 우리의 현실이다.

장자의 이야기처럼, 달리다가 피곤하고 휴식이 필요하면 나무 그늘 아래에서 머물며 휴식을 하면 되는 것을, 우리 사회는 그동안 그림자가 쫓아오지 못하게 우리를 더욱 빨리 달리도록 내몰았다. 그 결과 개인은 물론, 사회 전체가 극도의 피로 증후군을 호소하기에 이르렀고, 이것이 인문학 신드롬을 만들어 내고 있는 것은 아닌지 생각해 본다.

만약에 이러한 진단이 맞는다면 새로운 전환과 그에 따른 시작이 가능하겠지만, 이러한 신드롬이 사회와 회사가 요구하는 또 하나의 스펙이 되어 경쟁력을 갖추는 도구에 지나지 않는 것에 머물게 된다면, 과연 우리 사회에 기대할 것이 더 있을까 하는 회의감도 섬뜩하게 일어난다.

이런 염려가 기우에 지나지 않는 것이기를 바라는 마음으로, 인문학의 근본정신인 '인간다움'에 대한 호라티우스의 물음을 다시 떠올린다.

"그는 자신에 대해 지혜로운 주인인가? 그는 죽음과 속박의 쇠사슬,

그리고 가난에도 초연하는가? 그는 명예를 경멸하고 욕망을 물리치는 힘을 가졌는가? 그는 외부의 강압과 고통에도 방해받는 일 없이 자기 내부에서 풍요롭고 만족하는가? 그는 어떤 운명에도 맞서 자신을 지켜 낼 영혼을 갖고 있는가?"

이 책이 다루는 주제 영역은 노자, 붓다, 공자, 장자, 맹자, 순자, 주희, 왕수인, 지눌, 이황, 이이, 정약용, 최제우, 강일순, 박중빈의 15명의 동양 인문학자들이다.

이들을 선정할 때 기준으로 삼은 것은 고등학교 『윤리와 사상』 교과서이다. 따라서 일반인이든, 대학생이든, 윤리교육을 전공하는 사범대학 학생이든, 고등학생이든 누구나가 어렵지 않게 읽으면서도 핵심 내용을 놓치지 않도록 서술하려고 노력했다. 또 각 인문학자들의 이야기를 시작하기 전에 미리 도표를 통해 전체적인 윤곽을 파악할 수 있도록 도움을 주었고, 이들의 생각을 드러내는 핵심 원문을 끝에 실어 더욱 깊게 이해하도록 구성했다.

고등학교와 대학교를 졸업한 일반 성인이라면 누구나 한두 번쯤은 이들 사상가들의 생각을 제대로 알았으면 좋겠다는 생각을 해보았을 것이다. 그럼에도 직장 생활과 자녀 뒷바라지에 자신을 돌아볼 시간을 낸다는 것이 생각처럼 쉽지만은 않았을 것이다. 또 '철학', '인문학'에 대한 선입견 때문에 시간이 나더라도 이들 책에 쉽게 손이 가지 않았을지도 모른다. 이제 이런 분들에게 이 책이 미약한 도움이라도 될 수 있다면, 지은이로서는 이보다 더 큰 기쁨이 없겠다.

책을 쓸 때마다 서규선, 김정현, 김학권 교수님의 은혜를 더욱 깊게 새기게 된다. 훌륭한 자연의 정원에서 더 나은 미래를 준비하는 익산고등학교 학생들, 그리고 내용을 검토해준 강동훈, 강소희, 김소현, 임가이, 김현공, 조동아 학생에게도 고마운 마음을 전한다. 또 지은이가 공부할 수 있도록 늦은 시간과 휴일까지도 배려해주는 행정실 선생님들께도 고마운 마음을 전한다. 출판사 '책과 나무'는 매번 지은이의 부족한 원고를 훌륭한 디자인으로 감동을 준다. '칼보다 훌륭한 칼집'이란 말이 딱 어울린다. 진심으로 깊은 감사를 드린다.

자연의 정원 익산고등학교에서 지은이 씀.

2014년 9월

문종길

동양

사상가	생존시기
공자	기원전 551-479
맹자	기원전 372-289
노자	기원전 579?-499?
장자	기원전 365?-270?
순자	기원전 298?-238?
주희	1130-1200
왕수인	1472-1528
이황	1501-1570
이이	1536-1584
정제두	1649-1736
정약용	1762-1836
고타마 싯다르타	기원전 563?-483?
원효	617-686
의천	1055-1101
지눌	1158-1210

서양

사상가	생존시기
소크라테스	기원전 469?-399
프로타고라스	기원전 485-414?
플라톤	기원전 428?-348?
아리스토텔레스	기원전 384-322
아우구스티누스	354-430
토마스 아퀴나스	1225?-1274
칼뱅	1509-1564
베이컨	1561-1626
홉스	1588-1679
로크	1632-1704
흄	1596-1650
벤담	1748-1832
밀	1806-1873
데카르트	1596-1650
스피노자	1632-1677
라이프니츠	1646-1716
칸트	1724-1804
헤겔	1770-1831
쇼펜하우어	1788-1860
키르케고르	1813-1855
사르트르	1905-1980
하이데거	1889-1976
듀이	1859-1925

가장 훌륭한 삶이란 조종되는 것이 아니라
스스로 그러한 삶이다

- 노자 -

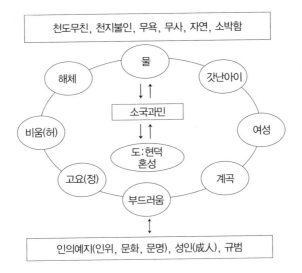

"살아 있는 것은 부드럽지만, 죽어 있는 것은 뻣뻣하다. 마찬가지로 강하고 경직된 것은 패하고, 유약한 것이 강한 것 위에 자리한다. (이런 이치 때문에) 날카로운 도구로 사람을 교화하려 해서는 안 된다."

"부드럽고 약한 것이 굳세고 강한 것을 항상 이긴다."

물, 여성성, 상선약수

공자와 같은 춘추시대를 살았지만, 그의 생각과는 전혀 상반되는 삶의 길을 걸었고, 가르쳤던 인물이 노자이다. 두 사상가의 이러한 차별적 특성은 몇 가지 중요한 개념들의 대비를 검토할 때 더욱 명확하게 드러난다.

도덕규범 대 무위와 자연, 문화 대 반문화, 문명 대 반문명, 인위 대 자연, 강함 대 유약함, 견고함 대 부드러움, 남성 대 여성, 드러냄 대 숨음, 채움 대 비움, 성인(成人) 대 어린아이, 규범 대 반규범, 명예 대 무명(無名), 지배 대 놓아둠, 중앙 집중 대 해체와 분산, 인위 대 무위, 인공 대 자연은 공자와의 대비를 통해 노자를 쉽게 이해할 수 있는 주요 키워드들이다.

공자 대 노자라는 이 대비 구도의 이면에는 그들이 이상적인 모델로 설정했던 나라에서도 잘 드러난다. 공자는 하·은·주나라 중 가장 중앙 집중적인 권력 구조와 적장자 우선의 봉건제를 갖추고 있었던 주나라의 체제를 이상적인 것으로 보았다. 반면, 노자는 물을 중요시하면서 모계 중심의 체제를 유지했던 하나라를 가장 이상적인 모델로 삼았다. 좀 더 자세히 말하면, 공자는 남성적이고 사회 규범이 잘 정비되어 위계질서가 확립된 사회를 지향한 반면, 노자는 오히려 이와 같은 남성성과 규범 지향적인 위계 사회를 부정하고 해체함으로써 여성성과 자연의 흐름을 좇는 사회를 지향했다고 할 수 있다.

노자의 이런 생각은 자신의 『도덕경』에 나오는 두 가지 표현에서 가장 명확하게 드러난다. 그는 "반대쪽을 향하는 것이 도(道)의 운동 방향이며, 부드럽고 약한 것은 도가 작용하는 모습(제40장)"이라고 주장한다. 또 "만물은 음을 떠안은 채 양을 품고 있는데, 만물은 이 두 기(氣)가 서로 만나 조화를 이루는 것(제42장)"이라고 주장한다. 이 두 문장의 의미는 노자가 활동했던 춘추 시대에 적용하여 이해해 보면 매우 중요한 의미를 지닌다. 왜냐하면 '춘추오패(제·진·초·오·월)'라는 말처럼 당시에는 각각의 제후국들이 저마다 패권을 장악하기 위해 남성성의 상징인 정복과 전쟁, 부국강병의 가치 체계를 이상적인 이념으로 추구했기 때문이다.

이처럼 정복전쟁이 당연시되고 있던 춘추 시대에 평화를 주장하고, 전쟁으로 가장 고통 받는 피지배 계층인 백성을 염려하는 것이 어찌 보면 세상을 잘못 읽고 있는 것으로 보이기 쉽다. 그럼에도 노자는 바로 지금, 즉 춘추 시대가 반대 방향으로 향하는 전환을 해야 할 때라 진단했고, 그렇게 하는 것이 자연의 이치처럼 음과 양의 조화를 이끌어 낼 수 있는 적절한 방안이라 보았다. 왜냐하면 만족할 줄 모르고 앞으로 또는 위로 향하는 공격성과 지배성향은 반드시 모두를 공멸로 이끌 최악의 선택이라는 것을 정확히 깨닫고 있었기 때문이다.

노자의 이러한 생각은 "굳세고 강한 자는 좋은 죽음을 맞이할 수 없다(제42장)", "애착이 심하면 반드시 큰 대가를 치르고, 많이 쌓아두면 반드시 크게 잃지만, 만족할 줄 알면 욕되지 않으며, 멈출 줄 알면 위태롭지 않아 오래 갈 수 있다(제44장)"는 주장에 적절하게 표현되고 있다. 스스로 '한계를 아는 것이 위태롭지 않을 훌륭한 방편(제32장)'이라는 뜻이다. 노자는 자신의 이러한 깨우침을 "이 세상에서 가장 부드러운 것이 가장 견고한 것을 다스린다. 무위(無爲)만이 유익하다는 것을 아는 사람이 없다(제43장)"고 하면서 당시 춘추 시대의 지배적인 분위기를 개탄한다.

위에서 '가장 부드러운 것'이란 노자에게 '갓난아이'와 '물'의 은유로 더욱 강조된다. 그리고 갓난아이와 물이 지닌 속성은 가장 자연(自然), 즉 스스로 그러한 것인데, 이것이 곧 무위이다.

하나라를 이상적인 본보기로 삼았던 노자는 도(道)를 설명하기 위해 특히 '물'에 주목한다. 노자에게 물이란 '가장 훌륭한 것(또는 최상의 덕, 상선약수 · 上善若水)'이며, 또한 그렇기 때문에 '도에 가장 가까운' 것이다. 물은 존재하는 모든 것들에게 이로운 도움을 주면서도 언제나 자신의 부드러운 속성 때문에 다른 것들과 서로 다투지 않으며, 또 높이 올라가려는 사람들의 욕망과는 반대로 언제나 사람들이 싫어하는 낮은 곳에 머무르려 하기 때문에(제8장) '모든 것의 어머니'가 될 수 있다.

성인, 무위, 무욕, 소국과민, 평화

노자는 오직 다투지 않고, 자신을 아래로 낮추며, 모든 것들에 대해 베푸는 물의 덕을 갖추고 있는 사람을 '성인(聖人)'이라 한다. 그에게 성인이란 공자의 성인과는 반대로, 언제나 자신의 마음을 갖지 않으며, 자신의 의지를 거두어들이고, 자신의 마음을 흐릿하게 함으로써 백성(사람)들을 어린아이 모습으로 회복시켜 준다(제49장).

반면, 공자 또는 유가에 의하면, 군자나 왕은 스스로 사회 규범이 요구하는 도덕적 인격을 갖추고, 이를 백성과 세상을 향해 펼쳐 보임으로써 자신이 의도했던 방향으로 사람들을 교화하고 이끌어 가는 존재이다. 하지만 노자에게 성인이란 '무위를 실천하며, 가능한 한 일거리를 없애는 방식으로 일을 하는' 사람이다(제53장).

성인은 오직 "먼저 무위하기 때문에 백성들이 저절로 교화되고, 스스로 고요하기 때문에 백성들이 스스로 올바르게 되며, 스스로 무욕(無欲)하기 때문에 백성들이 저절로 소박하고 꾸밈이 없어진다(제57장)." 성인은 지(知, 지식과 지혜)로써 나라를 다스리는 것이 아니라 지로써 나라를 다스리지 않기 때문에 백성들이 지혜를 갖지 않게 되며(제65장), 이렇게 무위를 실천하기 때문에 되지 않는 일이 없다(제48장).

노자의 이러한 생각은 역설적 진리를 담고 있는 탁월한 통찰력이다. 왜냐하면 사회 규모가 커지고, 복잡해지며, 사회를 구성하는 사람들의 수가 많아질수록 안정적 질서를 유지하고 관리하기 위한 법과 규제 또한 그와 비례하여 늘어 가게 마련이다. 또 이러한 사회에서는 법과 제도를 잘 이해하고, 이를 교묘하게 이용하는 사람일수록 부와 명예에 쉽게 다가갈 수 있다. 하지만 반대로 참으로 순수하고 소박하여 강제적 법규가 없더라도 선하게 살며, 모두에게 도움을 주는 사람은 오히려 생존 자체가 어려워져, 법규의 보호 아래에서만 불행한 생존이나마 가능해진다.

그렇다면 우리가 기대를 걸 만한 사람과 사회는 제도적 강제가 많은 사회의 명민한 사람인가? 아니면 강제적 규범이 최소화된 상태에서 살아가는 소박한 사람들의 사회인가? 노자가 우리에게 던진 문제의식 또한 바로 이것이었고, 우리가 지향해야 할 것은 전자가 아니라 후자여야 한다고 가르치고 있다.

춘추시대라는 상황에 대한 노자의 탁월한 통찰력은 이를 바탕으로 이상적인 사회의 모습으로 확장되었는데, 그것이 소국과민(小國寡民)이다. 노자는 사회가 혼란하고 '백성을 다스리기 어려운 이유가 유위(有爲, 인위·人爲) 때문(제75장)'이라고 진단한다. 유위란 이미 확립된 질서와 제도라는 인위적 강제 규범, 한 사회에서 보편적 기준으로 작용하고 있는 지식의 패러다임, 선과 악, 아름다움과 추함의 기준에 대해 그 경계와 구분이 명확한 지식의 체계이다. 이러한 것들은 국가가 기획하고 장려하는 것이 보통이고, 지식인이나 지배 집단이 특정한 목적이나 의도를 갖고 기획하고 전파하는 특성이 있다.

이 때문에 특정 시기와 상황에서 제한적인 의미밖에 갖지 못하는 기획들이 마치 보편적이고 객관적인 기준인 것처럼 힘을 발휘하는 현상이 발생한다. 아마 노자에게 유가의 형식화한 예나 도덕규범, 지식과 가치 체계가 가장 그러했을 것이다. 또 지금 우리 사회를 지배하고 있는 경제 이념으로서 신자유주의나 시장에서의 경쟁 원리, 선성장 후분배가 하나의 패러다임으로 받아들여지고 있는 것도 마찬가지이다. 물론, 이처럼 시공간적 측면에서 매우 제한적이고 유한하며, 인위적 억지 논리가 지배할수록 가장 고통 받는 계층은 일반 국민과 피지배 계층(노자에게는 백성)이다. 노자가 가장 염려했던 점도 바로 이것이다.

노자의 염려와 그가 품은 이상은 소국과민, 즉 '작은 나라, 적은 백성'으로 나타난다고 이미 언급했다. 노자는 중앙 집권적인 권력 구조에 기초한 거대 국가일수록 통제와 억압이라는 인위와 조작 또한 비례하여 커지기 때문에, 이와는 정반대로 분산과 해체를 통해 인위와 억압을 자연과 무위로 되돌리고자 했다. 나라가 작고 백성이 적다는 것은 그만큼 통제와 규범이 불필요함을 말하며, 또한 그렇기 때문에 강하고 규율이 확고한 군대나 경찰 같은 물리력도 더 이상 필요 없음을 의미한다.

따라서 이것은 폭력과 전쟁이 없는 평화로운 상태로 돌아간다는 뜻인데, 평화의 상태에서 백성들은 각자의 생명과 자연성을 중요하게 간직하고 살아간다. 노자는 이것을 가리켜, '성인의 정치란 자기의 의지를 관철하려 하지 않는 정치이며, 아무것도 하지 않음으로써 백성을 무지하고, 무욕하게 하며, 이로써 백성을 마치 어린아이와 같은 상태로 돌아가게 하는 것'이라 말한다.

어린아이, 자연성, 무위지치, 비움, 현덕

정치에 관한 노자의 이상에는 현자(賢者), 즉 인위적인 도덕관념이나 지식인으로서 지혜를 부정하는 성인의 정치로서 무위의 정치[무위지치·無爲之治]가 있다. 사실, 현실적인 의미에서 지식인들은 대부분 자신이 공부한 것, 자신이 의도하고 이상으로 삼는 이념, 그리고 이러한 것을 기준 삼아 사회 전체 구성원들을 자신의 관념 세계 안으로 끌어들이고 맞추려는 경향이 강하다. 이 때문에 노자는 이러한 지식인에 대한 기대나 소망을 처음부터 버려야 하며, 이를 동경하는 군주 또한 거부되어야 한다고 주장한다.

그래서 '(규범적 지식과 지혜를 지닌) 성인과 현자에 대한 희망을 버리고 끊어야' 백성과 전체의 이익에 도움이 된다고 주장했던 것이다. 같은 맥락에서 노자는 유가의 가장 중요한 덕목인 인의(仁義)에 관한 믿음을 버리고 부정함으로써 오히려 백성들은 효와 자애로움을 스스로 회복할 수 있다고 강조한다. 간단히 말해, 자연적인 것을 부정하고 만들어진 인위적인 모든 것을 부정함으로써 원래의 자연성과 소박함을 회복하라는 가르침이다. 반대를 향해 움직이는 것이 도(道)의 방향이기 때문이다.

『도덕경』 제38장에는 자연성과 소박함을 상실함으로써 어떤 결과가 초래되는지를 설명하는 내용이 나온다. "가장 훌륭한 덕은 무위인데, 이는 어떤 것을 의도하지 않는 것이다. 예를 들어, 인(仁)을 행하면서 인을 의도하지 않는 것이 가장 훌륭한 인(仁)이다. 이러한 이유 때문에 도(道)를 잃은 후 (진실함이 없어져) 덕(德)이 나오고, 덕을 잃은 후에야 (우리가 올바른 것의 상징처럼 알고 있는) 인(仁)과 의(義)가 나오며, 예(禮)란 진실한 마음이 사라져 마지막에 이르게 되었을 때에야 나오는 것으로, 이것이야 말로 사회 혼란의 직접적인 원인이다."

이것은 억지로 힘을 주어 까치발을 하게 되면 오래 서 있을 수 없듯이, 그리고 큰 걸음을 억지로 유지하고자 하면 멀리 걸을 수 없듯이, 인의예지(仁義禮智)라는 유가적인 인위적인 덕목과 규범을 가지고서는 결코 자연성에 기초한 모두를 위한 평화로운 사회를 만들 수 없다는 말이다. 그래서 노자는 "정치의 가장 높은 단계에서 백성들은 단지 통치자가 있다는 것만을 알고, 가장 낮은 단계의 정치에서 백성들은 통치자를 단지 비웃는다(제17장)"고 말한다.

지금까지 드러난 노자 생각의 큰 흐름은 무위, 자연, 소박, 단순, 무욕, 무사(無事, 일을 도모하지 않음), 물, 고요[허 · 虛, 비움]에 대한 강조이다. 그런데 이 모든 개념들을 원리적 차원에서 포함하고 있는 '어떤 무엇'이 있다면, 그것을 지칭하는 한 단어만을 사용해도 좋을 것이다.

노자는 마치 사계절의 순환적 질서와 흐름처럼, 분명히 위에서 나열한 이러한 개념들을 관통하는 근본 원리가 되는 '무언가'가 있긴 한데, 그것이 무엇인지를 우리가 사용하는 단어로 표현하기 어렵다는 생각을 했다. 왜냐하면 그처럼 근원적이고 원리적인 것은 그가 사용했던 '현덕(玄德)'이라는 표현처럼 뭐라 표현할 수 없는 위대한 것이기 때문이다.

그럼에도 이 '무언가'를 우리에게 익숙한 언어적 수사로 드러내 주지 않는다면, 사람들이 답답해 할 뿐만 아니라 그것의 존재를 의심하게 되리라는 것도 잘 알고 있었다. 이러한 사정 때문에 노자는 이 '무언가'에 이름을 붙이기로 했다. 하지만 이름을 붙일 수 없는 이것에 인간의 유한한 언어적 표현을 쓴다면, 이 '무언가'의 의미가 훼손되리라는 것도 잘 알고 있었던 노자였기 때문에 어쩔 수 없이 이 '무언가'에 대해 '억지로 이름을 붙이기'로 하고, 그것을 '도(道)'라 부르기로 했다. 우리가 알고 있는 '노자의 도(道)'란 이렇게 생겨난 단어이고 개념이다.

노자는 도(道)에 대해 "도는 낳고 덕은 기른다. 도는 모든 것을 낳고 기르지만 주인이 되려 하지 않는다. 이것을 현덕(玄德)이라 한다(제50장)."고 정의한다. 노자에게 도란 모든 것을 낳고, 길러 주면서도 자신은 드러내지 않기 때문에 그 이치가 묘(妙)한 것이다. 또 이 때문에 사실은 뭐라 딱히 꼬집어 명확하게 이름을 붙이거나 정의를 내릴 수도 없

는 것이 도이다. 왜냐하면 현(玄)의 뜻이 '작고 미약하여 형체를 알기
어려운 아득함과 신묘함'이기 때문이다. 따라서 도(道)란 단지 '이름이
나 명칭'일 뿐이다.

그래서 도의 이런 성질을 그윽하고 오묘하다는 취지에서 '현덕'이라
한 것이다. 현덕에서 '현(玄)'이란 '오묘하다, 신묘하다, 깊다, 아득하
다, 크다, 통달하다, 빛나다, 작다'와 같이 매우 다양한 의미를 내포한
다. 그런데 흥미롭게도 이 모든 의미들이 노자의 『도덕경』에서는 모두
도(道)를 의미하는 비유로 활용되고 있다.

이러한 맥락에서 도(道)란 노자에게 자연(自然)과 같은 의미를 지닌
다. 왜냐하면 자연은 인위의 반대이기 때문에 무위이고, 자연은 그 자
체로서 '스스로 그러함'이기 때문에 모든 존재의 근본 속성이자 존재 원
리를 설명할 수 있는 표현이기 때문이다. 즉, 어떤 것이 '자연하다'는
말은 곧 어떤 제약이나 강제도 없이 그것의 본래적인 자연적 속성에 따
라 스스로 그렇게 존재한다는 의미이다. 만약에 물이 아래에서 위로
어떤 인위적 힘에 의해 억지로 끌어올려진다면, 이것은 자연을 거스르
는 반자연이며, 물의 근본 원리인 '스스로 그러함'의 속성, 즉 위에서
아래로 흐르는 성질을 훼손하는 것이 된다.

이러한 이유 때문에 노자는 세상 사람들이 어떤 것에 대해 아름답다
고 말하는 것을 듣고, 그것이 정말로 아름답다고 믿는다면, 그것은 오
히려 추한 것(제2장)이라 주장한다. 예를 들어, 어떤 유명한 성형외과
전문의가 연예인 ○○○의 얼굴은 한국 여성(남성)의 아름다움의 기준
이라 말한 이후, 사람들이 모두 그녀(그)가 아름다움의 기준이라 인정

하고 말한다면, 이것은 이미 우리가 한 사람의 주장과 의견에 획일적으로 지배당하고 있는 것과 같은 것이 된다. 우리가 이 주장을 믿는 순간, 각자의 다양성과 태어날 때부터 원래 갖고 있던 자연성, 즉 스스로 그러했던 모습은 완전히 사라지게 되고, 우리는 모든 사람을 아름다움 대 추함이라는 이분법적 기준으로 바라보게 된다. 하지만 노자가 그토록 염려하고 거부했던 것이 바로 이것, 즉 '원래 스스로 그러함'을 부정하는 인위에 의한 삶의 조종이었다.

채우고 또 채우려는 것이 지식이고 욕망이라면, 이것이야말로 순수와 소박함을 부정하는 조작과 인위를 낳는 원인이 된다. 노자에게 이런 생각과 행동은 자연성, 즉 도(道)를 부정하는 것과 같은 의미이다. 이 때문에 노자는 도(道)를 설명하면서 '채움'이 아니라 '비움', 높이 쌓아 올리려는 것이 아니라 한없이 낮은 곳으로 향해 있는 깊은 계곡[곡·谷]에 비유했다. 또 노자에 따르면, 암컷의 정적인 성질이 수컷을 이기는 이유는 암컷의 정적인 성질이 반드시 자신을 낮추는 것이기 때문이다(제61장).

예를 들어, 수레의 바퀴는 공간이 채워져 있기 때문에 제 기능을 하는 것이 아니라 바큇살로 비워져 있기 때문에 제 기능을 하고, 그릇 또한 깊이 파인 빈 공간이 있기 때문에 이로움을 주고 제 기능을 할 수 있는 것(제11장)이다. 또 암컷의 갈라진 틈과 깊은 계곡은 사람에 비유하면 여성의 자궁으로서 생명을 만들어 내는 어머니이면서(제6장)도 스스로를 낮추는 겸손의 덕을 갖고 있다.

노자의 생각을 우리가 생활하고 있는 지금의 소비사회·산업사회·

자본주의 시장사회에 적용해 보면, 우리를 돌아보고 성찰하게 하는 데 매우 소중한 가르침을 얻을 수 있다. 왜냐하면 지금 우리의 삶이 자신의 자연성을 상실한 채 다른 사람을 모방하면서 살아가는 '평균인', 자기 성찰이나 검열 없이 획일적인 삶을 추종하며 살아가는 '일상인', 왜 경쟁하는지도 모른 채 남들이 하니까 무조건 함께 경쟁에 뛰어들며 조종되고 있는 '일차원적 인간'으로서의 삶이기 때문이다. 우리의 문명과 문화가 탈자연화의 정점에 도달한 오늘날, 역설적으로 스스로 그러함의 자연성을 따르는 삶이야말로 자신을 온전하게 보존할 수 있는 가장 지혜로운 길이라는 점을 노자를 통해 확인할 수 있다.

도(道)를 도라고 말로써 표현할 수 있다면, 그것은 진정한 의미의 도가 아니고, 이름이 언어적 개념으로 표현될 수 있으면 진정한 이름이 아니다. …… 무(無)는 이 세계의 시작을 가리키고, 유(有)는 구체적으로 보이는 영역을 가리킨다. 무와 유는 이름은 다르지만, 항상 같이 있는 것을 보면 현묘(玄妙)하다. 현묘하고, 또 현묘하구나.

도는 언제나 무위하지만 이루어 내지 못함이 없다. 통치자가 이 이치를 지킨다면 만물은 저절로 교화된다.

혼돈으로 이루어진 어떤 것[혼성·混成]이 있고, 이것은 천지보다 앞서 있다. 이것은 소리도 모양도 없지만, 모든 것의 어머니이다. 이것을 억지로 이름 붙여 도(道)라 하고, 억지로 이름 붙여 크다고 한다. 가장 큰 것 중의 큰 것이 이것이다. …… 사람은 땅을 본받고, 땅은 하늘을 본받고, 하늘은 도를 본받고, 도는 스스로 그러함을 본받는다.

부드럽고 약한 것이 굳세고 강한 것을 항상 이긴다.

도는 낳고 덕은 기르며, 낳고도 소유하지 않고, 무엇을 하고도 내세우지 않고, 지배하려 하지 않으니, 이것을 '현덕(玄德)'이라 한다.

지혜로운 사람(현자)을 받들지 않아야 싸움이 없고, 백성들이 도적이 되지 않는다. 성인의 정치는 백성의 마음을 비우되, 배는 채워 주었고, 백성의 의지는 약하게 하되 그 뼈대는 강하게 해주었다. 무위를 실천하면 다스려지지 않는 것이 없다.

나라를 작게 하고 백성의 수를 적게 한다. 그리하면 많은 편리한 도구가 있더라도 쓸모 없을 것이고, 백성들이 죽음(생명)을 중요하게 여겨 (함부로) 멀리 떠나지 않을 것이다. 이 때문에 배와 수레가 있더라도 사용할 일이 없고, 군대가 있더라도 쓸 일이 없을 것이다. 옆 나라에서 개나 닭이 짖고 우는 소리가 들려도 서로 왕래하지 않을 것이다.

덕을 두텁게 지닌 사람은 갓난아이에 비유할 수 있다.

정치가 어눌하면 백성은 순박해지고, 정치가 촘촘하면 백성이 교활해진다.

성인이 무위하면 백성은 저절로 교화되고, 성인이 고요(정, 靜)하면 백성은 저절로 올바르게 된다.

성인은 불언으로써 가르치며(不言之敎), 무위하며, 자신의 뜻대로 하려 하지 않는다.

자연의 이치는 편애함이 없지만[천도무친·天道無親], 항상 착한 사람·자연하는 사람과 함께한다[상여선인·常與善人].

살아있는 것은 부드럽지만, 죽어있는 것은 뻣뻣하다. 마찬가지로 강하고 경직된 것은 패하고, 유약한 것이 강한 것 위에 자리한다. (이런 이치 때문에) 날카로운 도구로 사람을 교화하려 해서는 안 된다.

자연은 인(仁)하지 않다[천지불인·天地不仁]. 모든 것을 지푸라기로 만든 강아지 취급한다.

자신의 몸을 천하처럼 귀하게 여기면 천하를 줄 수 있고, 천하를 맡길 수 있다.

존재의 실상을 연기로 밝혀 우리를 깨달음의 참된 삶으로 이끌다

- 붓다 -

"두 가지 극단에 사로잡히지 말라. 하나는 욕망에 사로잡히는 것이고, 다른 하나는 스스로 고행을 일삼는 것이다. 앞의 것은 어리석고 천하며, 뒤의 것은 오직 괴로움만 줄 뿐 도움이 되지 않는다. 이 두 극단을 버리고 중도를 깨달으면 마음의 번뇌가 끊어져[적정·寂靜], 참다운 지혜를 체득하고[증지·證智], 궁극의 깨달음[등각·等覺]과 열반에 이른다."

"무명(無明)의 상태에서 '나'는 참된 '나'가 아니다."

연기, 중도, 팔정도, 사성제, 열반

19세 결혼, 29세 출가, 그리고 35세 깨달음. 신비적 색채를 걷어낸 붓다의 모습은 매우 인간적이다. 잘 알려진 것처럼 불교는 유일신과 창조주, 인격신을 내세우지 않으며, 석가모니 또한 붓다(Buddha, 진리를 깨달은 사람)가 되기 전까지 현실 속의 일반적인 사람들이 욕망하는 삶을 살았다. 즉 그는 결혼해 아이를 낳았고, 왕족으로서 최고의 명예와 욕망을 누렸다.

하지만 이와 같은 호화스런 삶에 가려 그동안 보지 못했던 삶의 실상을 두 눈으로 직접 보고 느낀 충격은 지금까지의 삶과는 전혀 다른 삶을 위한 극적인 전환의 계기가 되었다. 석가모니는 세속의 행복 속에서 한 번도 고민하지 않았던 인간 삶의 모습, 즉 병들고 나이가 들어 늙어 가는 모습, 그리고 마침내 죽음에 이르는 모습을 생생하게 목격했고, 이를 통해 자신과 인간, 세계의 실상에 조금씩 눈을 뜬다.

29세가 되어 태자 석가모니는 출가를 결심한 다음, 온갖 유혹과 방해를 이겨 내는 6년 동안의 수행에 정진한다. 35세가 되어 마침내 인간과 세계의 실상에 대한 큰 깨달음을 얻는 붓다가 된다. 붓다는 자신이 깨달은 진리를 전하기 위해 예전에 자신과 함께 수행했던 동료들을 찾아가 녹야원(사슴 동산)에서 처음으로 그들에게 '진리의 수레바퀴를 굴린다[초전법륜·初轉法輪].'

붓다가 그들에게 처음 설파한 내용은 애욕(어리석음과 집착)에 빠져서는 안 되고, 극단에 치우친 고행을 해서도 안 된다는 것이다. 왜냐하면

이 두 가지는 모두 천하고 몸을 괴롭게 하는 것이기 때문이다. 붓다는 이와 같은 극단을 넘어선 중도(中道)를 깨달아 팔정도(八正道)를 실천함으로써 적정(寂靜), 증지(證智), 등각(等覺), 열반(涅槃)에 이르러야 한다고 가르친다.

붓다는 계속해서 그들에게 자신이 깨달은 네 가지 진리[사성제·四聖諦]를 전한다. 네 가지 성스러운 진리란 괴로움[고·苦]과 괴로움의 원인[집·集], 그리고 괴로움을 없애는 방법[도·道], 괴로움의 소멸[멸·滅]에 관한 진리를 말한다. 이와 함께 붓다의 가르침을 전하는 초기 경전인『잡아함경』에는 붓다가 설파했던 연기(緣起)에 관한 설명이 나오는데, 연기는 중도, 팔정도, 적정과 열반, 사성제와 함께 그가 깨달은 진리를 설명하는 가장 포괄적인 근본 진리이다.

근본 불교, 소승 불교, 대승 불교

정리하면, 붓다가 깨달은 진리란 '연기, 중도, 팔정도, 사성제와 열반'으로 집약할 수 있다. 이제 불교의 전체적인 흐름을 간단하게 정리한 다음, 붓다의 깨달음인 위의 근본 불교 내용을 살펴보기로 하자.

일반적으로 붓다가 자신이 깨달은 진리를 가르치다 불멸(죽음)한 이후 약 100년까지를 근본 불교 또는 초기 불교 시기라 한다. 그런 다음 계율과 교리 해석을 놓고 의견 대립이 일어나 여러 교단으로 분열하게 되는데, 이를 부파 불교 또는 소승 불교라 부른다. 이 시기에는 붓다의 말씀을 기록한 경(經), 교단의 생활을 규정한 율(律), 그리고 경과 율에 대한 설명을 담은 론(論)이 확립된다. 즉 불교 경전의 체계[삼장 · 三藏]가 확립되고, 철학적으로도 한층 이론화되는 과정을 밟는다.

하지만 이론적 연구가 정교해질수록 불교는 점점 대중과 거리를 두게 되었고, 그 결과 붓다의 근본정신으로 돌아가야 한다는 비판이 일어났다. 이들은 부파 불교가 자기 혼자만의 깨달음을 통해 아라한이 되려 한다고 비판하면서 자신은 물론, 여러 사람의 해탈을 함께 도모해야 한다고 주장했다. 이들은 대중과 분리된 엄격함을 통해 자신만의 해탈을 강조하는 부파 불교를 소승 불교라 비판하고, '대중의 구원과 해탈'이라는 새로운 이상을 제시한다.

기원전 1세기경부터 일어난 이 운동을 대승 불교라 부르며, 우리에게 익숙한 『반야경』, 『화엄경』, 『법화경』, 『유마경』 등이 이를 통해 세상의 빛을 보게 되었다. 특히 용수(나가르주나)는 『중론』을 통해 대승 불교의 핵심 사상인 공(空)과 보살을 확립한다.

하지만 대승 불교 또한 시간이 흐르면서 교학에 치중하여 교리는 복잡해지고 실천적인 측면은 약해지는 문제가 발생했다. 이 때문에 7세기에 이르러 불교는 대중적 기반을 잃고 쇠퇴하게 되며, 불교와 힌두교가 결합하는 밀교 시대가 열린다. 인도에서 기반을 잃은 불교는 남쪽의 스리랑카 · 미얀마 · 태국 등으로는 소승 불교 전통이 전파되고, 북쪽의 중앙아시아와 중국 · 우리나라 · 일본 등으로는 대승 불교의 전통이 전파된다.

불교는 인도에서 노자 · 장자의 사상이 유행하던 위진 · 남북조 시대에 중국으로 전래되었다. 이 때문에 중국인들은 노장 사상의 무(無) 또는 허(虛)의 개념을 통해 불교의 공(空)을 이해하기도 했다. 중국에 들어온

불교는 중국화를 통해 천태종, 화엄종, 정토종, 선종으로 정착한다.

연기, 인드라망

불교 경전은 '연기(緣起)'에 대해 '연기를 알면 진리를 안 것이고, 진리를 알면 연기를 안 것'이라 말한다. 연기가 불교의 가장 근본 진리라는 뜻이다. 연기에 대한 『잡아함경』의 내용은 이렇다.

> 이것이 있기 때문에 저것이 있고, 이것이 일어나므로 저것이 일어
> 난다. 이것이 없으면 저것이 없고, 이것이 사라지면 저것 또한 사
> 라진다.

연기란 '인연생기(因緣生起)'의 줄임말로, 어떤 현상이나 일이 일어나기 위해서는 반드시 그 원인이 있어야 한다는 뜻이다. 이때 원인이란 '인연'을 말하는데, '인(因)'이란 직접적인 원인을, '연(緣)'이란 간접적인 원인을 의미한다. 예를 들어, '콩 심은데 콩 나고, 팥 심은데 팥 난다'고 할 때 씨앗으로서 콩과 팥은 나중에 반드시 콩과 팥이 열릴 싹을 틔우고 콩과 팥의 열매를 맺게 된다. 콩의 씨앗에서 팥의 싹과 열매가 나올 수 없고, 팥의 씨앗에서 콩의 싹과 열매가 나올 수 없는 것이다. 이것을 직접적인 원인, 즉 '인(因)'이라 한다. 또 콩과 팥은 씨앗만으로는 새로운 콩과 팥을 맺지 못하기 때문에 반드시 물·공기·흙·바람·습도·햇볕과 같은 주변 환경의 도움을 필요로 한다. 이것을 간접적인

원인, 즉 '연(緣)'이라 한다.

  그러므로 '이것이 있기 때문에 저것이 있다'는 말은 위에서 말한 직 · 간접 원인이 있을 때 결과로서 콩과 팥의 싹과 열매를 맺을 수 있다는 의미이다. 하지만 이것은 '연기'에 관한 단지 하나의 사례일 뿐, 붓다에 의하면 현상적으로 존재하는 모든 것들이 바로 이 연기의 원리를 따른 다는 것이다. 그렇기 때문에 어떤 것도 스스로 독립하여 실체로서 존 재할 수 없고, 없던 것이 우연히 갑자기 생겨날 수도 없다.

  불교에서는 이것을 인드라망(因陀羅網)과 갈대 묶음에 비유해 설명한 다. 갈대는 스스로 혼자서는 설 수 없기 때문에 옆의 갈대에 자신의 몸 을 맡겨야 비로소 설 수 있다. 마찬가지로 옆의 갈대 또한 자신을 옆의 다른 갈대들에게 몸을 맡김으로써 온전하게 설 수 있다. 마치 가을 들 녘의 벼가 서로에게 서로를 내어줌으로써 황금 들녘을 만들어 낼 수 있 는 것과 같은 이치이다.

  또 인드라망은 제석천(帝釋天, '신들의 제왕인 샤크라'란 뜻으로 불법을 지 키는 수호신인 그에게는 '인드라망'이라는 강력한 무기가 있음)이 사는 궁전을 장식하고 있는 보석 그물로, 각 그물코마다 각각의 보석들이 서로를 향해 빛을 발하는데, 이 강력한 빛을 통해 적을 물리치고 불법을 수호 할 수 있다. 즉, 제석천이 이 인드라(indra, '강력한') 그물[망 · 網]을 흔 들게 되면 그 강력한 빛을 통해 적을 무찌를 수 있게 된다. 이 그물이 불교에 수용되어 오늘날에는 이 세상의 모든 존재(자연 현상, 사람과 사 회, 제도와 규범, 인간의 심리 현상과 지식, 우주 자연을 포함함)는 독자적으 로 존재하는 것이 아니라 서로에게 자신을 맡겨 상호 긴밀한 인과 관계

속에서 의존적으로 함께 어우러져 존재한다는 의미로 사용한다.

한편, 존재하는 각각의 모든 것들이 스스로 존재할 수 없고, 서로의 긴밀한 관계 속에서 의존적으로 비로소 존재할 수 있는 것이라는 말의 이면에는 각각의 존재들은 주변 상황이 변화하면 함께 바뀌기 때문에 영원할 수도 없고, 그렇기 때문에 고정적인 실체일 수도 없다는 논리가 성립한다[무상 · 無常]. 이에 따르면, 인간을 포함한 각각의 현상들은 연기의 원리에 따라 잠시 지금 이 순간, 지금 여기에 머물고 있을 뿐, 계속되는 연기(또는 인연)에 따라 끊임없이 변화해 가는 과정과 흐름에 해당한다. 대승 불교에서는 이것을 '공(空)'이라 표현한다.

불교의 인간과 자연에 대한 이와 같은 관점은 다른 존재들에 대한 새로운 인식과 실천을 요구하는데, 그것은 불교의 최고 실천 덕목인 '대자대비', 즉 자비(慈悲)이다. 자비란 사전적 의미로 '깊고 진실된 사랑으로 연민하고 베푸는 것'을 말한다. 불교에서는 "중생에게 행복을 베풀며, 고뇌를 제거해 준다"는 의미이다. 이는 중생의 아픔을 헤아리고 이해하며, 연민하고 동정하여 함께 탄식[비 · 悲]함으로써 중생과 최고의 우정[자 · 慈]을 나눈다는 뜻이다. 모든 존재가 분노와 탐욕의 고통에서 벗어나 행복하기를 바라는 마음과 실천이 곧 자비인 것이다.

중도, 팔정도, 삼학

붓다에게 중도(中道)란 깨달음을 얻기 위해 극단적인 고행의 수행 방법을 피하라는 뜻이다. 예를 들어, 두 눈을 깜빡이지 않고 태양을 바라보는 것, 머리를 모래 속에 넣고 물구나무 서는 것, 한쪽 팔을 하늘을 향해 들어 올려 내리지 않는 것, 무조건 굶는 것은 모두 극단적인 고행에 해당한다. 이 때문에 붓다는 초전법륜에서도 '양쪽의 극단을 버리고 중도를 깨달았다'고 했고, 성스러운 팔정도가 곧 중도인데, 이를 통해 지혜의 눈을 떠 열반과 적정에 이르렀다고 했던 것이다.

이처럼 붓다에게 중도란 연기의 실천적 해법이었다. 예컨대 '어떤 것이 있다'와 '어떤 것이 없다'는 주장은 이름을 붙여 서로를 가르고 분별하는 것이기 때문에 모두 극단을 고집하는 것에 해당하지만, 중도란 이 두 극단을 버리고 연기에 따라 있는 그대로를 보고 실천하는 것이다. 대승 불교의 관점에서 보면, 중도란 곧 '공(空)'의 실천이다.

두 가지 극단에 사로잡히지 말라. 하나는 욕망에 사로잡히는 것이고, 다른 하나는 스스로 고행을 일삼는 것이다. 앞의 것은 어리석고 천하며, 뒤의 것은 오직 괴로움만 줄 뿐 도움이 되지 않는다. 이 두 극단을 버리고 중도를 깨달으면 마음의 번뇌가 끊어져 [적정·寂靜], 참다운 지혜를 체득하고[증지·證智], 궁극의 깨달음 [등각·等覺]과 열반에 이른다.

중도로서 팔정도(八正道)는 정견(正見, 올바로 바라봄), 정사(正思, 올바른 마음가짐), 정어(正語, 올바른 언어 사용), 정업(正業, 올바른 행위), 정명(正命, 올바른 삶), 정정진(正精進, 올바른 노력), 정념(正念, 올바로 깨어 있음), 정정(正定, 올바른 마음 집중)의 여덟 가지 성스러운 실천 방법을 말한다. 이 모든 생각과 마음가짐, 행동의 근본이 되는 것은 붓다의 깨달음인 연기와 사성제의 진리이다. 우리가 어떤 생각을 하고, 무엇을 바라보든, 어떤 마음가짐을 지니든, 어떤 말과 행동을 하든 언제나 붓다의 깨달음에 바탕을 두어야 한다는 가르침이다.

한편, 불교에서는 붓다의 깨달음에 이르기 위해 수행자가 반드시 배워야 할 것이라는 의미의 3학(學)을 강조하는데, 이것을 팔정도에 관계 지어 설명하면 이렇다. '정업'·'정명'·'정어'처럼 생활 속에서 지켜야 할 몸가짐과 행동을 '계율[계·戒]'이라 하고, '정정'·'정정진'·'정념'처럼 흐트러진 마음을 한 곳에 집중하는 것을 '정[선정·禪定]'이라 하며, '정견'·'정사'처럼 진리를 깨닫는 것을 '혜[지혜·智慧]'라 한다.

사성제, 고집멸도, 오온

다음으로 붓다의 네 가지 성스러운 진리인 사성제(四聖諦)에 대해 설명하겠다. 사성제란, 고제(苦諦), 집제(集諦), 멸제(滅諦), 도제(道諦)를 말한다. 붓다는 괴로움의 범위와 괴로움의 원인, 괴로움의 소멸과 괴로움을 소멸하는 실천 방안에 대한 가르침을 주었는데, 이를 줄여서 '고집멸도'라고 부른다. 붓다는 생로병사와 함께 미워하는 사람과 함께 있어야 하고, 사랑하는 사람과 헤어져야 하며, 바라는 것을 얻지 못하는 것도 괴로움이고, 이처럼 무엇을 취하고 무엇에 집착하는 우리의 몸 자체인 오온(五蘊)에 집착하는 것 자체가 또한 괴로움이라고 일깨운다[고제].

또 인간만이 갖고 있는 의지적 행위와 그에 따른 결과로서 윤회는 인과(因果)에 따른 업보(業報)를 일으키게 되는데, 어리석음[무명·無明]과 탐욕[갈애·渴愛]에서 비롯된 행위는 결과적으로 고통을 낳는 원인이 된다. 이것을 집성제, 즉 고통의 원인에 관한 성스러운 진리(집제)라고 부른다. 예를 들어, 눈앞에 보이는 더 많은 이익을 위해, 그리고 당장의 편리함 때문에 안전에 관한 규정을 지키지 않는 어리석음과 탐욕이 원인이 되어 고귀한 생명을 앗아가는 대참사를 심심찮게 일으키는 것이 우리 사회의 현실이다.

그런가 하면 우리는 더 편한 것, 더 빠른 것, 더 쉬운 것, 더 좋은 것, 더 고운 것, 더 비싼 것, 더 맛있는 것처럼 상대적인 잘못된 분별 지식을 좇아 끊임없이 편을 가르고 나눈다. 하지만 언제나 그 결과는 후회와 좌절, 번민과 괴로움이다. 붓다는 이처럼 욕망과 집착을 좇는 잘못된 지식과 이로부터 비롯된 행동이 고통의 원인임을 일깨웠다.

그렇다면 이제 우리는 어떻게 해야 이 고통에서 벗어날 수 있는가? 우리가 위의 고집(苦集)의 진리에만 매달리다 보면 불교가 삶에 대해 염세적이고 회의적인 내용만 갖고 있다는 잘못된 판단을 하게 된다. 하지만 불교와 붓다의 가르침은 고통을 일으키는 것이 우리 자신이듯이, 이 고통으로부터 벗어나야 할 존재도 우리 자신이어야 한다고 가르친다. 이 점에서 불교는 매우 주체적인 인간관을 제시하고 있다.

하지만 여기서 주의할 것이 있다. 그것은 '주체'라고 해서 근대 서양 철학이 주장하는 것처럼 스스로 독립된 실체로서 개체가 된다는 '개인 주의'를 주장하는 것이 아니라는 점이다. 이것은 이미 불교의 근본 진리가 연기라는 점을 통해 명확히 부정되고 있다.

붓다가 제시하는 팔정도는 위에서 살폈듯이 고통의 원인이 되는 어리석음과 집착·탐욕으로서 갈애를 소멸하게 하는 실천 방안을 담고 있다. 또 붓다의 깨달음이 연기이듯이 이제 우리는 이 팔정도를 원인으로 하여 마침내 열반과 해탈에 이를 수 있게 된다.

붓다에게 인간을 이루는 '오온[색수상행식·色受相行識]', 즉 육체·감각·생각·행위·인식은 모두 독립적 실체로서 존재하는 것이 아니라 주위 환경과의 끊임없는 상호의존성 속에서 인연에 의해 순간순간 잠시 머물고 있을 뿐이다. 즉· 우리의 몸이나 우리의 감각·생각·지식은 결코 불변하거나 고정된 절대적인 것이 아니라 매순간마다 변화의 과정을 거듭한다. 잠자기 전에 했던 결심과 생각이 자고 일어나면 달라져 있고, 어제의 몸은 지금의 몸과 같지 않다. 이처럼 무상(無常), 즉 지극히 유한하고 실체가 없는 우리의 육체와 정신이 한때 건강하고 아름답다고 생각했던 때를 잡아두려고 집착하는 행위(성형수술)를 한다면 이는 연기를 거스르고, 중도에서 벗어나는 그릇된 행동이 된다.

그럼에도 갈애의 탐진치(탐욕, 성냄, 어리석음)인 삼독은 우리를 고통으로 몰아넣으려 한다. 이 때문에 붓다는 실체가 없는 이러한 무상(無常)한 것들을 잡아두려 집착하지 말고 팔정도의 중도를 통해 올바로 관찰할 것을 일깨운다. 열반(涅槃)이란 타오르는 (욕망의) '불길을 불어서 끄다'는 뜻에서 비롯되었다. 무상한 것에 집착하는 인간의 탐욕이란, 곧 들끓는 욕망으로 묘사할 수 있으며, 이 들끓는 욕망을 연기의 깨달음을 통해 고요한 상태[적정·寂靜]로 되돌리는 것이 열반이다. 욕망을 떨쳐내고, 자신을 인연의 진리에 내맡기며, 중도와 자비를 실천함으로써 이르게 되는 상태가 열반인 것이다.

> 몸[색·色]은 덩어리를 이룬 물방울
> 감각[수·受]은 물 위의 거품
> 생각[상·想]은 봄날의 아지랑이
> 의지[행·行]는 덧없는 풀
> 인식[식·識]은 허상인 꼭두각시
> 바르게 관찰하면 실체도 없고,
> 자아도 없고[무아·無我], 내 것도 없네.
> 온갖 분별 영원히 쉬어
> 맑고 고요한 곳에 이르리라.

열반이란 모든 탐욕이 없어지고, 모든 분노가 없어지고, 모든 어리석음이 없어져, 모든 번뇌가 없어진 것을 말한다.

삶은 괴로움으로 가득 차 있지만, 이 격렬한 탐욕의 불꽃이 없어지면 불안이나 괴로움도 없어진다. 훨훨 타오르던 불길도 땔감이 모두 떨어지면 꺼져 버리는 것과 같다.

제행무상, 제법무아, 일체개고, 열반적정

붓다의 깨달음은 이후 삼법인(三法印), 즉 제행무상(諸行無常), 제법
무아(諸法無我), 일체개고(一體皆苦)로 정립되는데, 여기에 열반적정을
추가해 사법인이라 하기도 한다. '법인'이란 진리[법·法]임을 보증 또
는 확인[인·印]한다는 뜻이다. 따라서 법인이란 붓다의 근본 진리가
'연기'에 의해 '무상', '고', '무아', '열반'에 기초하고 있음을 확증한다는
의미로 이해할 수 있다.

'제행무상'에서 '제행'이란 변화하고 소멸하는 일체의 모든 현상을 뜻
하고, '무상'이란 인간과 인간이 행하는 모든 행위는 물론, 일체의 모든
현상은 한순간도 고정되거나 실체로서 존재할 수 없고, 연기에 의해
끊임없이 일어나고 변화하며 소멸하는 과정이라는 뜻이다. 따라서 제
행무상이란 인간을 포함한 모든 현상은 고정 불변하는 실체가 아니라
인연에 따라 잠시 머무는 과정의 연속을 의미한다.

어떤 작은 물질[색·色]일지라도 변하지 않고 항상 머무는 그런 존
재는 없다.

불교에서 '법'이란 두 가지 의미, 즉 '진리'와 '존재 또는 현상'이라는
의미 로 사용되는데, '제법무아'에서 '법'는 이 중에서 뒤에 오는 뜻으로
사용된다. 즉 '제법무아'란 '모든 현상'은 '무아'라는 뜻이다. 여기서 '무
아'란 글자 그대로 해석하면 '아(我)'란 '없다[무·無]'는 뜻인데, 좀 더

구체적으로 '아'란 산스크리트어로 '실체[아트만 · ātman]'을 의미한다. 그런데 아트만은 파괴되거나 소멸하지 않는 절대적인 실체 또는 초월적 자아(영혼)이기 때문에 '무아'란 영원히 변함이 없는 '나'라는 실체는 없다는 뜻이 된다.

제행무상이 시간의 흐름 속에서 영원히 불변하는 실체란 없다고 주장하는 것이라면, 제법무아는 지금 여기라는 공간에서 '나(또는 각각의 개별 대상)의 것'이라고 하는 실체란 없다고 말하는 것이다. 예를 들어, 지금 여기에서 돈이 많은 '나', 높은 명예를 얻은 '나', 이별의 시련으로 울고 있는 '나', 고3학생으로서 '나', 건강하고 아름다운 행복한 '나'는 단지 헤아릴 수 없는 연기에 의해 잠시 머무르는 현상으로서 '나'일 뿐 영원하거나 변하지 않는 실체로서 '나'는 결코 될 수 없다. 그러므로 '나'라고 하는 이상(이념)과 영원히 '내 것'이라고 주장하는 절대 소유 개념은 연기의 관점에 근거할 때 모두 일시적인 허상에 지나지 않는다. 그럼에도 우리가 그러한 허상을 잡아두고자 욕심을 부린다면, 이것이 곧 고통을 일으키는 원인이 된다.

무명(無明)의 상태에서 '나'는 참된 '나'가 아니다.

우리의 삶이 '고(고통)'라는 뜻의 일체개고라는 가르침을 사람에 따라서는 받아들이는 데 주저할 수 있다. 왜냐하면 지금 자신의 뜻을 이룬 사람이라면 어느 때보다 행복한 시간을 보내고 있을 것이기 때문이다. 하지만 붓다는 이미 연기의 진리에 따라 제행무상과 제법무아를 가르쳤고, 인간이 오온, 즉 정신적 · 육체적 존재라는 점을 명확히 했다.

따라서 자신의 뜻이 이루어졌기 때문에 행복하다는 말은 달리 표현하면, 목표 의식을 지닌 욕망이 실현되었다는 뜻이다. 그런데 이렇게 성취된 욕망은 곧바로 다른 새로운 목표와 욕망으로 나아갈 것이고, 이과정은 끊임없이 계속될 것이다. 그리고 이 목표와 욕망이 성공만 하는 것이 아니라 실패할 때는 지금까지의 성공을 모두 잃게 되어 더욱 큰 고통을 겪게 될 것이다.

하지만 더욱 근본적인 문제는 자신이 세운 목표와 욕망하는 행위 그 자체가 참된 것인지에 대한 문제의식이 없다는 점이다. 우리는 잘못된 윤회 때문에 갖게 된 잘못 알고 있는 가치와 지식으로 인해, 사실은 잘못된 것임에도 불구하고 그것을 참된 것으로 착각하고 목표를 세우고, 이를 이루기 위해 집착한다. 그리고 그것을 이루면 행복하다고 착각한다. 예를 들어, 맹수에 쫓겨 낭떠러지에 매달리게 된 한 사람이 그곳 벌집에 달린 꿀을 발견하고 그것의 달콤함에 빠져 자신이 천 길 낭떠러지에 매달려 있다는 사실을 잠시 잊고 행복해하는 경우를 생각해 볼 수 있다.

일체개고란 이것을 두고 한 말이다. 다른 예로, 어린아이가 사탕을 먹어 보고 단 맛에 길들여져 사탕이 자기에게 좋은 것으로 착각하는 등 잘못된 지식을 갖게 된다. 아이는 계속해서 사탕을 찾게 되지만(원인), 결국 자기의 썩은 치아와 고통을 그 대가(결과)로 치러야 한다.

이렇게 볼 때, 일체개고란 인간이 오온적 존재이기 때문에 잘못된 욕망과 잘못된 지식으로 잘못된 업을 쌓아 고통의 원인을 늘려 가는 상황을 의미한다. 일체개고란 이 고통의 실상, 즉 있는 그대로의 참 모습을 제대로 알 때, 그 처방 또한 가능하다는 것을 일깨우는 진리라 할 수 있다. 그렇지 못할 경우, 스스로 고통의 윤회에서 벗어나지 못해 열반의 이상적인 상태에 이를 수 없기 때문이다.

　열반적정이란 번뇌가 소멸한 이상적인 상태를 말한다. 원래 불교에서 말하는 '번뇌'란 산스크리트어로 '더러워진 마음', '괴로운 마음'을 의미하는 '클레사(klésa)'에서 비롯된 용어이다. 그런데 원래는 맑고 고요했던 우리 마음이 이렇게 오염되어 괴롭게 된 이유는 앞에서 말했던 어리석음(무지, 무명)과 집착(탐욕, 갈애) 때문이다. 어리석음과 집착은 우리를 잘못된 망념(妄念)과 욕망들의 세계로 이끌어 더욱 큰 고통을 일으키는 원인이 된다.

　그리하여 우리 마음을 사로잡고 있는 들끓는 욕망들은 마치 격렬한 불꽃처럼 분출되기 위해 안간힘을 쓰는데, 이 욕망의 불꽃을 차갑게 식혀 사그라지게 한 상태를 '열반(nirvana)'이라 한다. 그래서 열반과 함께 '적정(寂靜)'이란 용어를 사용한다. 적정이란 마음을 한 곳에 집중하여 '탐욕[탐·貪], 노여움[진·瞋], 어리석음[치·痴]처럼 번뇌를 일으키는 모든 원인이 사라짐으로써 우리 마음의 원래 상태인 불성(佛性)의 평정함을 회복한 상태를 말한다.

　결론적으로 붓다의 가르침은 연기에 근거해 제행무상과 제법무아를 깨닫고, 이를 바탕으로 일체개고에서 벗어나는 중도의 실천을 통해 열반적정의 이상적인 상태를 지향해야 한다는 것으로 요약할 수 있다.

대승불교 : 공, 보살, 자비

붓다 이후 불교는 소승 불교와 대승 불교로 분열한다. 특히 대승 불교의 용수는 붓다 깨달음의 근본 원리인 무상(無常)과 연기(緣起), 중도(中道)를 '공(空)'으로 새롭게 구성한다. 공이란 산스크리트어 순야(śūnya)에서 비롯된 것인데, '부풀어 오른', '속이 비어 있는', '공허한'의 의미를 담고 있으며, 숫자 0의 기초가 되기도 한다. 하지만 용수에게 공은 단순히 '비어 있음'이나 '허공'의 뜻이 아니다.

공이란 첫째, 연기의 무수한 인연에 의해 매순간 생멸을 거듭하기 때문에 불변하는 실체도 없고, 고정된 경계나 기준도 없다는 뜻이다. 이 때문에 공의 관점에서 볼 때, 모든 현상이나 존재는 '무자성(無自性)', 즉 자신의 고유하고 영원한 본성을 갖고 있지 않다. 붓다의 깨달음처럼 '무상'이기 때문이다. 둘째, 옳음과 그름, 좋음과 나쁨, 아름다움과 추함 같은 이분법적인 분별적 차별적 지식의 경계가 사라진 상태를 말한다. 따라서 있는 그대로를 직관(直觀)하면 되는 것이다.

『반야심경』의 첫 문장은 대승 불교의 핵심 개념인 공(空)을 이해하는데 매우 중요한 단서를 제공한다.

관자재보살(觀自在菩薩) …… 조견오온개공(照見五蘊皆空) 도일체고액(度一切苦厄), 색불이공(色不異空) 공불이색(空不異色), 색즉시공(色卽是空) 공즉시색(空卽是色)

여기서 우리가 우선 주목할 단어는 '관자재보살'이다. 우리에게는 관세음보살로 더 잘 알려져 있는데, 이는 자비로써 중생을 구제하는 보살이다. 관세음보살은 세상의 모든 소리를 두루 살펴 듣고, 이를 통해 세상에 이익을 주고, 중생을 구제하여 제도(濟度, 중생을 열반에 이르게 함)하는 보살이다. 소승 불교에 대한 대비로서 대승 불교의 정신을 잘 드러내는 보살이라 할 수 있다.

또 대승 불교는 '보살 불교'라 불릴 만큼 '보살'을 이상적인 인간의 모습으로 추구한다. '보살'은 산스크리트어 '깨달음(Bodhi)'과 '유정[(有情, Sattva), 중생(衆生)]'을 결합한 말로, 붓다의 깨우침인 '깨달음을 추구하는 중생', '깨달음을 얻은 중생'을 의미한다. 이 때문에 보살은 '위로는 깨달음을 구하고, 아래로는 중생을 제도하기 위해 노력하는 삶'을 이상으로 추구한다. 따라서 보살은 자신의 힘으로 자신의 장애를 극복해 나가기 때문에 주체적이며, 자신은 물론 다른 사람들까지 이롭게 해주기 때문에 이타적인 삶, 즉 '자리이타(自利利他)'의 삶을 지향한다.

그뿐만 아니라 보살은 오온으로서 인간의 삶과 일체의 모든 것이 고(苦)임을 깨달아 이 모든 번뇌와 괴로움에서 벗어난다. 보살은 붓다의 깨달음인 연기와 무상에 따라 모든 존재의 실상을 바라보기 때문에 모든 색(色, 사물, 현상)이 사실은 공(空)일 뿐이라는 것을 알고 있다. 즉, 보살은 오온, 일체 현상과 사물은 모두 고정된 실체가 없는 '무상'한 것들이며, 그렇기 때문에 집착과 번뇌를 끊어 열반에 이르고자 한다(또는 열반에 이른다).

한편, 보살은 중생을 고통으로부터 구제와 제도를 하기 위해 '자비

(慈悲)'를 실천한다. 관세음보살이 자비로써 중생을 고통에서 구제하고 열반으로 제도하는 보살이라는 점은 이미 위에서 살폈다. 이를 위해 보살은 6바라밀을 자신의 실천 덕목으로 삼고 끊임없이 수행 정진한다. 바라밀이란 산스크리트어로 '피안(Para)'에 '이른(I)' 상태(Ta)' 또는 '최상의(Parami)' 상태(Ta)'를 뜻하는 것으로, '도피안'으로 해석하기도 한다. 즉, 윤회의 괴로움과 고통의 언덕에서 벗어나 열반의 언덕에 이른다는 뜻이다.

이를 위해 보살은 여섯 가지 덕목을 실천하여 깨달음의 지혜에 이른다. 즉 ① 보살은 자신이 중생을 위해 베풀고 있다는 관념조차 자기 마음 안에 없는 '순수한 베풂[보시·報施]'을 실천한다. 또 ② 보살은 생명이 있는 것을 죽이지 않고, 거짓을 하지 않는 '계율(戒律)'을 지키며, ③ 집착을 떨쳐내기 위해 참고 견디어내는 '인욕(忍辱)'을 실천한다. ④ 보살은 게으르지 않고 부지런히 '수행[정진·精進]'하며, ⑤ 탐욕으로 혼란스러워진 마음을 고요하게 하는 지(止) 속에서 올바른 관찰[관·觀]을 하는 '선정(禪定)'을 실천한다. 이렇게 하여 ⑥ 보살은 망념과 헛된 분별에서 벗어나는 깨달음의 '지혜[반야·般若]'에 이른다.

모든 존재하는 것들에 관한 연기와 무상(無常)의 진리, 그리고 이러한 깨달음을 실천하는 중도, 나아가 궁극적으로 이르게 될 마음의 평화와 고요함으로써 열반(적정)에 이르기까지, 붓다의 깨달음과 그 올바른 가르침은 붓다의 시대보다 오늘날 더욱 절실하게 요청해야 할 삶의 지혜이다. 왜냐하면 그 깨달음의 내용들 속에 다양성의 수용과 평등, 조화와 화해, 생명 존중과 자비의 정신이 깊이 배어 있기 때문이다.

연기와 무상의 진리는 모든 존재가 씨줄과 날줄의 긴밀한 인연으로 서로 얽힘으로써 비로소 온전할 수 있음을 일깨운다. 즉 서로 의존하고, 서로 긴밀한 관계를 유지함으로써 서로를 온전하게 한다는 가르침은 '접속(맺음)'과 '단절(끊음)'을 원자적 실체의 관점에서 일상적으로 집행하고 있는 우리의 삶을 심층적 차원에서 성찰하게 해준다.

　또 이와 같은 가르침은 서구 근대의 인간 중심적, 지배 중심적, 이분법적인 자연 이해가 낳은 위기를 치유하고 극복하게 하는 지혜와 관점을 제공한다. 즉, 연기와 무상의 진리 안에서 인간과 인간은 물론, 인간과 자연 생명은 평등한 관계임을 일깨우며, 중도는 이러한 평등한 관계를 깨뜨리는 인간 중심의 극단을 회피하도록 우리의 정신과 행동을 이끄는 지침이 되고, 자비는 우리를 더욱 높은 차원의 정신적 깨달음으로 인도하는 실천적 힘이 된다. 그리고 우리는 이 안에서 대립과 갈등, 지배와 복종, 불신과 적대를 넘어 화해와 조화, 협력과 상생의 삶을 실현할 수 있게 된다.

원문을 음미하면서 깊이 읽기

연기의 진리란 내가 만든 것도 아니고 누가 만든 것도 아니다. 그것은 언제나 세상에 있었다. 나(붓다)는 이것을 깨달아 등각과 정각을 이루었고, 이제 이를 전한다. 이것이 있기 때문에 저것이 있고, 이것이 일어나므로 저것이 일어난다. 무명 때문에 행(行)이 있고, (이것이 쌓여) 더 큰 괴로움을 만들어내고, 무명이 멸하기 때문에 행이 멸하고, (그것이 쌓여) 모든 괴로움이 멸한다.

우리 몸[색 · 色]은 변한다. 우리 감각[수 · 受]은 변한다. 우리 생각[상 · 想]은 변한다. 우리의 의지[행 · 行]는 변한다. 우리의 인식[식 · 識]은 변한다. 이것을 깨달아 일체를 떠나면, 탐욕이 사라지고, 탐욕이 사라지면 해탈할 수 있다.

만약에 항상 변하지 않고 존재하는 것이 있다면, 우리가 수행을 통해 고(苦)를 없앨 수 없다. 하지만 영원이 존재하는 것이 없는 까닭에 수행을 통해 고를 없앨 수 있다.

오온은 무상하다. 그렇기 때문에 이를 관찰하여 일체를 떠나라. 일체를 떠남으로써 욕망은 사라진다. 욕망이 사라짐으로써 해탈할 수 있다.

탐욕은 마치 풀로 엮은 횃불을 들고 바람이 부는 쪽을 향해 달려가는 것과 같다. 만약에 그 횃불을 버리지 않는다면 손이 타는 고통을 당하게 될 것이다. 탐욕 때문에 괴로움이 생기는 것이다. 탐욕을 꿰뚫어보고 세속에 대한 집착을 끊어야 한다.

열반이란 탐욕과 분노, 어리석음이 모두 없어져, 모든 번뇌가 사라진 것이다.

성냄을 죽이면 편히 잠들 수 있고, 성냄을 죽이면 마음에 근심을 없앨 수 있다. 성냄은 독(毒)의 근원이며, 깨달음의 씨앗을 해치게 된다. 따라서 그 성내는 마음을 죽이는 사람을 깨달은 사람은 늘 칭송한다.

지(止)를 거듭 수행하면 관(觀)이 이루어지고, 관(觀)을 거듭 수행하면 지(止)가 이루어진다. 따라서 거룩한 수행자는 지관(止觀)을 함께 수행해 해탈에 이른다.

나의 가르침은 열반에 이르는 것이다. 수행은 열반에 이르기 위한 것이고, 열반에서 끝난다.

누구나 한 번은 꿈꿨던 인간의 모습과 살고 싶은 사회에 대해 말하다

- 공자 -

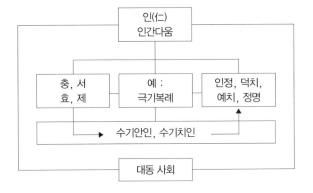

"군자는 화합하면서도 남들과 똑같아지려 하지는 않지만, 소인은 남들과 똑같아지려 할 뿐 화합하지 못한다."

"옛날 학자들은 자기를 닦는 데 몰두했는데[위기지학·爲己之學], 요즘의 학자들은 남에게 보이려는 것에 몰두한다[위인지학·爲人之學]."

"평생 동안 행할 만한 가치가 있는 것은 용서이다. 이것은 자기가 하고 싶지 않은 것은 남에게도 시키지 않는 것이다."

인(仁), 효제, 충서, 극기복례, 정명

혼란으로 가득한 세상, 이 때문에 자기 삶의 미래는 물론, 세상의 미래를 예측하기 힘든 시대에 우리가 한 명의 사상가로 살아가고 있다면, 우리는 어떤 처방전을 내놓을 수 있을까? 이에 대해 어떤 사람은 물리력과 강제력이 필요하다 할 것이고, 다른 어떤 사람은 도덕적으로 가르쳐 일깨우는 것이 중요하다고 할 것이며, 또 어떤 사람은 나서서 바로잡겠다고 간섭하지 않는 불간섭을 현명한 해결 방안이라고 제시할지 모른다. 바로 이런 현실을 살아야 했고, 더불어 이런 세상을 구하고자 했던 인물들이 있었다. 이런 현실이란 춘추전국시대(기원전 8세기~기원전 3세기)이고, 이런 세상을 구하고자 했던 인물들은 공자, 맹자, 순자, 노자, 장자, 한비자, 그리고 묵자였다. 후대 사람들은 이들의 사상을 하나로 묶어 여러 사상가들의 다양한 주장이라는 뜻으로 '제자백가 사상'이라고 부른다. 이제 앞의 노자에 이어 두 번째 인물인 공자를 살펴보고자 한다.

시대를 진단하던 의사로서 공자가 내린 처방전은 도덕성에 기초한 '인간다움'의 회복이었다. 공자에게 '인간다움'이란 너그럽고 착한 마음, 지혜롭고 덕이 있는 행동을 의미하는 인(仁)이었다. 그것은 사랑과 자선, 배려와 동정처럼 포괄적으로 인간다운 따뜻한 마음씨의 다른 표현이었다. 그리고 이러한 사랑의 마음을 통해 그가 궁극적으로 이루고자 했던 것은 인간으로서는 군자였고, 나라로는 대동 사회였다. 그런데 군자의 군(君)이 '어질고' '지혜로운' '임금'이라는 뜻을 모두 포함하고 있다는 점을 고려할 때, 그가 이상으로 추구했던 대동 사회가 도덕적인 군주에 의한 도덕적인 사회였을 것이라는 점을 어렵지 않게 추론할 수 있다.

먼저, 공자에게 인(仁)이란 글자 모습 그대로 두 사람이 서로에 대해 친밀한 감정으로 의지하고, 서로를 이해하려는 인간다움을 상징한다. 따라서 인(仁)은 사회적 존재인 인간에게 인간다움의 본질이면서 인격체로서 인간이 최종적으로 이르고자 했던 목적이라고 할 수 있다. 우리는 공자가 『논어』에서 인(仁)에 대해 무려 100여 차례나 언급한 것을 통해 인(仁)이 공자의 모든 가르침의 중심을 차지하고 있는 개념임을 짐작할 수 있다.

실제로 공자의 모든 가르침은 최종적으로 인(仁)을 어떻게 실현할 수 있을까에 집중되어 있었다. 예를 들어, 부모에 대한 효와 형제자매간의 우애를 의미하는 효제(孝悌)나 진실과 배려를 의미하는 충서(忠恕), 올바른 예의 실천을 강조하는 극기복례(克己復禮), 그리고 자신의 역할을 충실히 수행하는 정명(正名)을 통해 그가 말하고자 했던 것은 모두 인(仁)이었다.

다음으로 공자는 인(仁)을 달리 표현해 충과 서, 즉 충서(忠恕)라고 제자에게 가르친다. 충(忠)이란 '자신의 마음이 중심을 잡아 어느 한 쪽으로 치우치지 않는 상태', 즉 '참된 마음의 상태인 양심'을 의미한다. 또 서(恕)란 '사람과 사람 사이의 마음이 같다'는 뜻으로, 다른 사람에 대한 배려와 관용의 정신을 담고 있다. 이에 따라 공자는 자신이 서고자 할 때 다른 사람을 먼저 세워 주고, 자기가 이루고자 할 때 다른 사람을 먼저 이루게 해야 한다고 가르친다.

자유주의와 개인주의, 그리고 이에 따른 경쟁과 업적에 따라 사람을 평가하고 있는 우리 사회의 현실을 고려할 때, 공자의 이와 같은 가르침은 인간다움과 인간다움의 회복이 우리가 해야 할 진정한 공부임을 일깨워 주고 있다. 공자는 인간다움을 어떻게 실천하면 되는가에 대해 '경(敬)'을 통해 극기복례하면 된다고 했는데, 이것은 늘 익히는 성찰의 공부를 함으로써 자기 내면과 도덕적 성숙을 도모해야 한다는 가르침으로 받아들이는 것이 바람직하다.

공자에게 인(仁)이 내용이라면, 예(禮)란 이 인(仁)을 담아내는 그릇이라고 할 수 있다. 따라서 아무리 훌륭하고 진실된 마음일지라도 이것을 담아내는 그릇에 해당하는 형식, 즉 말과 행동 같은 형식이 뒷받침되지 않는다면 그 가치는 훼손될 뿐만 아니라 사람과 사람의 관계에서 오해를 불러일으켜 갈등과 분란을 초래할 수도 있다. 이 때문에 공자는 인간다운 마음으로서 인(仁)과 이것을 표현하는 올바른 형식으로서 예(禮) 사이의 균형과 조화를 언제나 강조했다. 인정이 메마르고 삭막할수록 사람의 예는 형식이나 겉치레를 쫓기 쉽다. 결혼식장이나 장례식장에 즐비하게 늘어서 있는 꽃들 아래에 매달린 직위와 이름은 우리 사회가 진심에서 우러나오는 인간다움보다 체면과 겉치레의 개인적 욕망에 얼마나 지배되고 있는지를 잘 보여 준다.

이 때문에 공자는 사치스러우면 교만해 보이고, 지나치게 검소하면 초라해 보인다고 가르쳤는데, 이는 곧 마음과 그것을 드러내는 예(禮)

가 균형을 이루어야 한다는 의미였다. 그에게 예(禮)란 인간다움을 표현하는 일종의 신성한 의식이었던 셈이다. 그래서 공자는 언제나 개인의 욕심을 채우려 하지 말고 예를 따르고 실천해야 한다는 극기복례(克己復禮)를 인(仁)의 구체적인 실천 방안으로 강조했던 것이다. 즉 예(禮)에서 노닐고 싶다는 공자의 말의 바탕에는 사회적 관계 속에서 인간이 지녀야 할 인간다움인 인(仁)이 자리하고 있었던 것이다.

'인간다움이란 무엇인가?'에서 시작했던 공자의 생각은 이제 혼란했던 사회를 구제하려는 정치로 확장된다. 그리고 그 정치의 바탕에는 지금까지 말했던 인(仁) 또는 덕(德), 예(禮)가 있었고, 이 위에서 어질고 지혜로운 임금에 의한 인정(仁政), 덕치(德治), 예치(禮治), 그리고 도덕적 이상 사회인 대동 사회가 꽃을 피운다. 공자는 자신이 살았던 춘추 시대가 혼란에 빠지게 된 가장 중요한 이유가 도덕적 질서의 붕괴에 있다고 진단했다. 예를 들어, 천자의 의식에만 활용되었던 팔일무(궁중에서 64명이 8줄로 맞추어 음악과 춤을 추던 의식)를 제후들이 흉내 내는 것이나 신분에 귀천을 두어 순장하는 것은 모두 인간다움을 잃은 것들이었다. 이 때문에 공자는 한 사람 한 사람이 사회적 관계 속에서 맡고 있는 직위에 따른 역할을 예(禮)에 따라 충실히 수행해야 한다고 강조했다.

오늘날 공직자가 자신의 직위를 이용해 사익을 추구하는 부패를 저지르는 것 또한 공정한 사회 질서를 깨뜨리고, 인간다움을 저버린 행위라고 할 수 있다. 따라서 공자는 올바른 예(禮)와 직책 사이에도 균형 관계가 있어야 한다고 보았는데, 이것을 '정명(正名)'이라 불렀다. 정명이란 글자 그대로 해석하면 '이름을 바로 세움'이다. 따라서 이를 사회·정치에 적용하면, 각자가 차지하고 있는 사회적 지위와 역할이 올바르게 되어 어긋나지 않음을 말한다. 모든 사물에 이름이 있듯이 사람은 사회적 관계 속에서 저마다 차지하는 지위에 따른 이름이 있다. 예를 들어 근로자, 농민, 학생, 대통령, 국회의원, 장관, 군인, 의사, 교수, 법관 같은 이름이 여기에 해당한다. 따라서 '이름이 바로 선 사회'란, 근로자가 자신의 일에 충실하듯이, 군인은 국가 수호를, 경찰은 치안 유지를 잘하는 사회다. 그리고 이것이 공자의 정명 정신이다. 한마디로 가짜가 진짜 행세를 하지 못하도록 하자는 것이 정명인 셈이다.

수기안인, 수기치인, 대동사회

공자가 가르쳤던 중심 사상이 인(仁)이라면, 그의 정치 또한 인(仁)이어야 한다는 점은 쉽게 도출된다. 공자의 정치가 인정, 덕치, 예치인 이유도 이 때문이다. 공자의 어질고 지혜로운 임금에 대한 이상은 도덕 정치를 낳았으며, 따라서 도덕적 군주가 백성들에게 역할 모델로서 완벽한 모범이 되어야 한다는 생각은 매우 당연하다. 군주의 역할을 강조하는 부분에서 공자는 군주를 북극성에 비유했는데, 이는 밤하늘의 중심을 차지하는 북극성을 기준삼아 수많은 작은 별들이 자신들의 위치를 찾고, 북극성을 기준점으로 삼아 운행하듯이, 백성 또한 군주의 도덕적 모범을 따르고 우러러 본다는 것을 보여 주려는 의도였다.

오늘날은 스스로 자기 삶의 주인이 되고자 노력하는가 하면, 다양한 통로를 통해 자신의 이상적인 역할 모델을 스스로 찾고자 노력하는 것이 자연스러운 사회이다. 따라서 다원화된 오늘날의 기준으로 공자의 도덕 군주론이 바람직한 것인지를 평가한다는 것은 무리가 있다. 하지만 고대 사회로 올라갈수록 비범하고 훌륭한 인물의 역할이 절대적 의미를 지녔던 점을 고려하면 설득력이 없는 것도 아니다. 그럼에도 불구하고 오늘날 우리가 가장 신뢰할 수 없는 집단으로 정치인과 법조인을 꼽고 있는 점은 2,500년 전 공자의 정명에 관한 꿈이 아직도 까마득하다는 것을 일깨워 주고 있어 지금 시대에 대한 유감만은 어쩔 수 없다.

지금까지 본 것처럼 공자는 법이나 힘이 아니라 우리가 내면에 갖고 있는 양심과 도덕성을 회복함으로써 이것을 가정에서는 효제의 행동으로 드러내고, 사회·정치에서는 도덕적인 군주가 백성에게 모범을 보임으로써 그들이 자발적으로 따르도록 하는 도덕적으로 이상적인 사회를 만들어 내고자 하였다. 이를 가리켜 '수기안인(修己安人)' 또는 '수기치인(修己治人)'이라 하는데, 이것은 개인의 도덕성에 기초해 가정과 사회, 국가를 도덕적인 곳으로 만들고자 했던 공자의 의도가 잘 드러나는 부분이다. 그리고 공자가 이 모든 노력들을 통해 최종적으로 그려 내고자 했던 이상적인 사회를 '대동 사회'라고 부른다.

『예기』에는 대동 사회에 대해 '큰 도가 행해져 사회가 공정하며, 지혜롭고 능력 있는 사람이 지도자로 뽑히며, 신의가 존중되고 친목이 두터운' 사회라 묘사하고 있다. 따라서 대동이 실현되면, 남의 부모도 내 부모와 똑같이 생각하고, 남의 자식도 내 자식과 똑같이 생각하며, 각자는 자기의 적성과 능력에 맞는 일을 하고, 장애에 상관없이 모두가 사회의 보살핌을 받으며, 권모술수와 도둑이 없어 문을 열어 놓고 생활할 수 있다. 한마디로 말하면, 대동 사회란 도덕적 이상 사회이고, 오늘날로 표현하자면 재화가 사회 구성원들에게 형평성에 맞도록 고르게 분배된 최상의 복지사회 정도가 될 것이다.

원문을 음미하면서 깊이 읽기

배우고 때에 적절하게 늘 익히면 또한 기쁘지 않겠는가?

말을 번지르르하게 하고 얼굴 표정을 잘 꾸미는 사람 중에 사람다운 사람은 드물다.

정치는 덕(德)으로 하며, 권력을 사용해 따라오게 하고 형벌로 다스리면 백성들이 면하려고만 하지 부끄러움을 모르게 된다.

효란 부모님 살아계실 때 예(禮)로 섬기고, 돌아가시면 예에 맞게 장례와 제사를 지내는 것이다.

하늘에 죄를 지으면 기도한들 무슨 소용이 있겠느냐?

주나라 문명의 찬란함이여! 나는 주나라를 따르리라.

부유함과 명예는 모두가 바라는 것이지만, 정당한 방법으로 얻은 것이 아니면 누리지 않아야 한다.

지위를 얻지 못함을 걱정하지 말고 지위에 맞는 덕성을 갖고 있는지를 걱정해라.

(선생님의 가르침이 너무나 벅차다는 제자의 말에 공자는) 힘에 부친다는 것은 길을 가다가 중간쯤에서 더 이상 못가겠다고 하는 것이다. 그런데 너는 미리 선을 그어 놓고 아예 시작도 하지 않으려 하는구나.

아는 것은 좋아하는 것만 못하고, 좋아하는 것은 즐기는 것만 못하다.

중용(中庸)이란 도덕은 정말로 지극한 것인데 사람들에게서 이미 멀어졌다.

공손함이 예(禮)로써 조절되지 않으면 피곤해지고, 신중함이 예로써 조절되지 않으면 나약해지며, 용기가 예로써 조절되지 않으면 고집이 강해진다.

정치란 국방을 튼튼히 하고, 백성을 잘 먹이고, 백성이 믿도록 하는 것이지만, 하나를 포기해야 한다면 배불리 먹이는 것이다. 사람은 죽기 마련이기 때문이다. 하지만 신뢰가 없으면 정치는 바로 서지 않는다.

정치란 바로 세움[정·正]이다.

군자란 경(敬)하는 사람이며, 나아가 수기(修己)하여 안인(安人)하는 사람이다. 군자는 책임을 자신에게서 찾고, 소인은 남에게서 찾는다.

정치란 부족한 것을 걱정하는 것이 아니라 골고루 분배되어 있지 않은지를 걱정하는 것이다.

지나친 것이나 부족한 것이나 마찬가지이다.

자로 : 배우면 바로 실천할까요?

공자 : 어찌 들은 대로 바로 실천해야 하겠느냐?

염유 : 배우면 바로 실천할까요?

공자 : 들으면 바로 실천해야지!

공서화 : 스승님, 어찌 같은 질문에 다르게 답을 하는지요?

공자 : 염유는 소극적이어서 북돋워 주려고 그런 것이고, 자로는 씩씩함이 넘쳐 눌러 주려고 그런 것이다.

속박된 인간 정신의 근원을 파헤쳐 절대 자유와
절대·행복의 길을 제시하다

− 장자 −

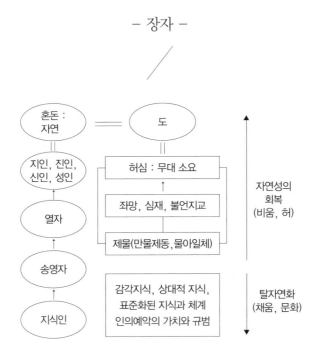

"소지(小知)는 대지(大知)를 모르고 생명이 짧은 것은 생명이 긴 것을 모른다. 그래서 하루살이는 내일을 모르고, 한여름 벌레는 봄과 가을을 모른다."

"성인은 품어 주고, 중인(衆人)은 변별한다. 이 때문에 중인은 보지 못하는 것이 있게 된다. 왜냐하면 나누게 되면 배제되는 것이 있기 때문이다."

도(道) : 혼돈의 죽음, 자연성, 자아의 해체, 만물제동

장자의『장자』라는 책의 전편에 흐르는 가장 탁월한 점은 우화와 은유, 그리고 역설과 해학의 언어적 수사에서 드러난다. '우화'란『동물농장』이나『이솝우화』처럼 동식물을 인격화하거나 무정물 또는 사물을 주인공으로 하여 그들의 행동 속에 풍자와 교훈의 메시지를 담아 도덕적인 가르침이나 깨달음을 주는 이야기 형식을 말한다. 장자의『장자』가 지닌 가장 큰 매력도 바로 이 우화적 성격에 있으며, 장자는 이 우화의 방식을 통해 도가의 도(道)를 가장 쉽게 풀어내면서 정신적 깨달음을 제공하고 있다.

'은유'는 주제에 대한 이해를 돕기 위해 우리에게 익숙한 사물에 빗대어 설명하는 방식이다. 장자가 이런 은유적 수사를 즐겨 동원하는 이유는 은유가 말하고자 하는 바를 제한적으로 규정하기보다는 철학적 깊이를 더 해줌으로써 전체적 관점과 맥락에서 깨닫도록 하는 장점이 있기 때문이다. 또 우리가 사용하고 있는 표준화되고 확정적인 단어의 의미와 개념이 도(道)를 드러내는 데 한계가 있기 때문이다. 이 점에서 장자에게 은유란 자연과 도(道)를 그려 내기 위한 고도의 전략으로 보인다.

'역설'을 의미하는 'Paradox'는 그리스어 '반대(Para)'와 '의견(Doxa)'의 합성어이다. 일반적으로 역설은 언어적 진술 자체를 놓고 보면 논리적으로 모순되고 부조리한 것으로 보이지만, 그 진술에 담긴 의미를 좇아 심층적인 해석을 하면 더욱 근원적이고 깊은 의미를 파악할 수 있게 되는데, 바로 이와 같은 목적을 이루고자 할 때 역설을 사용한다. 장자는 우리가 사용하는 언어와 개념의 한계를 밝히는 한편, 이를 통해 존재의 참된 모습으로서 자연을 이해할 수 있도록 하기 위해 '불언지교(不言之敎)'와 '상아(喪我)'의 역설적 진리를 주장한다. 즉 '비움으로써 채울 수 있다'는 가르침이다.

도에 관한 장자의 가장 전형적인 언어적 수사는 '혼돈(混沌)의 죽음'이다.

> 남해의 제(帝, 제왕)인 숙(儵, 갑자기, 검다, 빠르다, 재앙)과 북해의 제인 홀(忽, 갑자기, 사라지다, 소홀하다, 망하다, 밝게 깨닫지 못함)은 때때로 중앙의 제인 혼돈(混沌, 하늘과 땅이 나뉘지 않고 사물의 구별이 확실하지 않은 상태)의 땅에서 서로 만나 혼돈의 대접을 잘 받았다. 이에 숙과 홀은 혼돈의 덕(德)에 고마움을 표현하기 위해 사람의 모습을 선물하기로 했다. 사람의 모습이 눈·코·입·귓구멍을 모두 합해 일곱 개라서 하루에 하나씩 뚫어 주었는데, 일곱 개의 구멍을 모두 뚫는 그날 혼돈은 죽고 말았다.

위의 '혼돈의 죽음'에 관한 이야기에서 우리는 장자가 도(道)를 설명하기 위해 동원하는 언어적 수사와 그의 전략적 치밀함을 발견할 수 있다. 먼저 눈에 띄는 것은 '숙'과 '홀'이다. 그런데 두 단어 모두 원래의 모습을 무너뜨린다는 의미로서 소멸과 불행(재앙)을 의미한다. 또 숙이 '갑자기 나타남'이라면, 홀은 '갑자기 사라짐'인데, 갑자기 나타났다 갑자기 사라지는 (인간의) 유한적 성질이 불행하게도 변함없이 스스로 그러한 혼돈으로 자연성을 무너뜨리게 되었다는 것을 드러내고자 한 것은 아닌지도 유추해 볼 수 있다.

그뿐만 아니라, 혼돈의 의미가 아직 하늘과 땅처럼 유(有)와 '이름 있음(나뉨)', '경계로 나뉨' 이전인 '최초의 무정형적 덩어리'로서 자연성을 상징한다는 점에 주목할 필요가 있다. 그런데 숙과 홀이 자신들의 주관적 지식과 판단에 따라 혼돈의 자연성을 전면적으로 부정하는 사람의 얼굴 모습을 선물하기로 결정한다. 마치 자연에서 즐거운 시간을 보냈던 인간이 보기 좋은 자연을 자연에게 선물하기 위해 탈자연화시켜 인공의 정돈된 경관과 자연을 만드는 일과 비슷하다.

물론, 이렇게 인간의 손에 의해 가공된 자연 경관은 자연에게 좋은 것이 아니라 사실은 인간이 관리하고, 인간이 보고 즐기기에 좋은 자연일 뿐이다. 하지만 자연에게 이것은 자연의 죽음일 뿐이다. 또 이것은 부모가 자식에게 '모든 게 널 위한 거야!'라고 훈계하면서 아이를 부모의 지식과 가치의 세계로 끌어들이고 변형시키는 것과도 매우 비슷한 측면이 있다.

특히 그들이 선물한 '일곱 개의 구멍'으로서 사람의 모습은 단순한 사람의 형상이 아니라 가장 지적이며 문화·문명적 존재로서 인간, 경제적·도구적(과학기술) 존재로서 인간, 이념(지배와 복종)적·정치적 존재로서 인간을 상징하는 것으로도 해석할 수 있다. 문화와 문명, 경제적 이윤추구 활동과 과학기술의 발전은 모두 자연성을 부정하고 훼손함으로써만 가능하다. 그뿐만 아니라 이념적 존재로서 인간은 지배와 복종의 관계를 당연시하며, 정치에서의 지배적 힘을 극대화하려는 경향이 지배적이다. 따라서 혼돈에게 인간의 모습을 선물한다는 것은 혼돈의 자연성에 대해 죽음을 선고하는 의식에 지나지 않는다.

 '사람의 모습이 된다', 즉 어떤 형태를 이룬다는 의미는 '정리되고 갖추어지며, 균등하게 위계가 정해져, 판단이 가능해진다'는 뜻이다. 장자에게 이것은 곧 '성(成)'을 의미하는데, 이것은 장자가 자연의 다른 의미인 허(虛)와 대비시켜 말할 때 사용하는 단어이다. 장자에게 성심(成心)이란 인간에게 선악과 시비의 경계가 명확한 표준화된 지식의 세계이자 고정된 가치 체계를 의미한다. 숙과 홀이 뚫어 준 일곱 개의 구멍은 경험론적 관점에서 볼 때 지식의 출발점이 되는 감각 기관에 해당한다.

 그런데 인간의 감각 기관이란 개인마다 서로 다른 차이가 있어 단지 주관적이고 우연적이며 임의적이라는 한계가 있다. 그럼에도 '우물 안의 개구리'처럼 감각과 경험을 통해 '이루어진[성·成]' 또는 확립된 불완전한 지식과 이념을 절대적 기준으로 삼는다면, 이것이 곧 자연성을 죽이는 원인이 된다. 반면, 장자에게 허심(虛心)이란 유한한 인간에 의해 규정되고 확립된 부분적이고 자의적인 지식의 체계를 덜어 내고 덜어 낸 다음 비로소 이르게 되는 자연성의 회복으로서 도(道)를 의미한다.

 결론적으로 장자가 혼돈의 죽음을 통해 우리에게 가르치고자 했던 것은 '탈중심적이고, 무정형적이며, 무목적적인' 자연성에 대한 깨달음과 회복이다. 근대 철학자 데카르트는 정신적 실체로서 사유라는 개념을 통해 '나는 생각하는 한에 있어서만 오직 존재한다'는 명제를 제시한다. 그리고 이에 근거해 개인의 자아 개념을 확고하게 마련한 다음, 생각하는 인간(나)을 자연과 완전히 분리해 적대적 관계로 만들어 버린다. 장자의 자연과 도에 관한 사고는 바로 이와 같은 인간중심적이고,

자아중심적인 가치관과 세계관을 비판하고 부정함으로써 이르게 될 자연성의 회복으로서 진정한 의미의 자유와 해방을 일깨운다.

만물제동, 물아일체, 제물 · 제일, 천균

우리에게 잘 알려진 호접몽, 즉 '나비의 꿈' 이야기도 혼돈의 죽음과 같은 맥락에서 이해할 수 있다. 장자는 자신이 나비가 된 꿈을 꾸고 있을 때는 자신을 나비로 생각하지 않았다. 그는 꿈속에서 나비로 행복했고, 꿈에서 깬 다음에야 그것이 꿈이었음을 알았다. 그런데 장자는 깨어난 후에도 지금의 자기 모습이 어쩌면 나비의 꿈속일지도 모른다는 생각을 한다. 즉, 지금 깨어나 생각하고 있는 자기 모습이 어쩌면 나비의 꿈속일 수 있다는 것이다. 이렇게 보면 꿈속에서 나비가 된 꿈도 꿈이지만, 지금 자신의 모습 또한 나비의 꿈일 수 있다. 이제 나비와 장자를 서로 혼동하는 것도 꿈일 수 있다.

그러므로 데카르트가 주장했던 '나'라고 생각하는 '자아'는 그의 주장처럼 독립된 실체가 아니라 장자의 주장처럼 '혼돈' 안에서 서로 오묘하게 얽혀 변화하고 운동하면서 잠시 드러난 것일 뿐이다. 만약에 모든 존재하는 것들이 이와 같다면, 각각의 모든 존재는 근원적으로 평등[만물제동 · 萬物齊同]하며, 혼돈의 관점에 근거할 때 물아는 일체[물아일체 · 物我一體]인 것이다. 단지 각각의 모든 존재는 각자의 자연스런 방식으로 존재하고, 구속 없이 자유롭게 활동하고, 그 안에서 행복하면 그만이다.

이로 미루어 볼 때, 장자 생각의 근본 바탕에 세상의 모든 것들은 각자 스스로 '평등하면서 자유롭고, 다양함 속에서도 함께 조화를 이루고 있다'는 생각이 깊이 배어 있음을 알 수 있다. 자연성의 원리에 따라 스스로 존재하면서 서로를 차별하지 않으며, 각각의 고유한 방식대로 각각의 다양성을 드러내는 것이 이 세계의 진정한 모습이라는 장자의 생각을 가리켜 '제일(齊一)'이라 한다. 즉, 전체가 하나로서 평등한 조화를 이루고 있다는 의미이다. 장자는 이것을 「제물론(齊物論)」에서 다음과 같이 말한다.

어떤 것을 가지고 그것을 안다고 말하는 것이 사실은 그것에 대해 알지 못한 것이라는 것을 알겠는가? 그대에게 묻겠다. 사람이 습한 곳에서 자면 허리가 마비되어 죽을 수 있지만, 미꾸라지는 오히려 그것을 즐긴다. 사람이 나무 위에 산다면 멀미하여 떨어지겠지만, 원숭이는 나무 위에서 즐거워한다. 그렇기 때문에 사람의 관점에서 판단해 미꾸라지와 원숭이가 사람의 생각처럼 죽을지도, 떨어질지도 모른다고 판단하는 것은 어리석은 것이다. 어떤 동물은 쥐와 뱀을 잡아 먹는 것으로 즐거워하지만, 어떤 동물은 풀을 뜯으며 즐거워한다.

이처럼 모든 자연은 스스로 그러한 본성에 따라 차별받거나 지배당하지 않으면서 행복하다. 이것이 스스로 그러한 자연의 이치인데, 우리가 어떤 것이 옳고 어떤 것은 의로우며[인의 · 仁義], 또 어떤 것에 대해서는 옳고 어떤 것에 대해서는 그르다[시비 · 是非]고 어떻게 그 경계를 가르고 기준을 정할 수 있겠는가? 이 때문에 성인은 생사(生死), 시비(是非)라는 관념도 잊고 단지 사물의 자연스런 변화에 자신을 맡겼다. 즉 '자연의 균형[천균·天均]'에 자신을 맡겼다.

각각의 사물들이 저마다 자신들의 다양성을 자유롭게 유지하는 평등함 속에서 조화를 이룬다는 장자의 '제물' 또는 '제일(齊一)' 정신은 오리 다리가 짧다고 억지로 늘려서는 안 되는 것처럼, 학의 다리가 길다고 억지로 짧게 해서도 안 된다는 비유에서 매우 명쾌하게 드러난다. 오리와 학은 단지 자신의 자연성에 따라 다리의 모양이 다를 뿐, 우리 인간이 보는 것처럼 짧거나 긴 것이 아니다. 무엇이 '짧다'고 하기 위해서는 그것과 대비되는 '길다'를 전제해야 하고, 마찬가지로 '길다'고 판단하기 위해서는 '짧다'를 전제해야 한다. 하지만 짧고 김이란 모두 그렇게 판단하려는 인간의 주관적이고 경험적이며, 감각적 판단에서 비롯된 것일 뿐이다.

인식 주체인 인간이 짧고 길다는 기준의 지점을 어디에 두느냐에 따라 오리의 다리는 한없이 긴 것일 수 있고, 또한 학의 다리는 한없이 짧은 것일 수 있다. 파리의 다리와 오리의 다리, 학의 다리와 기린의 다리를 비교해 굳이 판단해 보면 '짧은 오리 다리'와 '긴 학의 다리'라는 우리의 지식이 얼마나 모순되고 인위(또는 억지)적인지를 곧바로 알 수 있다.

천뢰, 좌망, 심재, 허심, 무대소요, 자유, 행복

바로 이런 이유 때문에 성인(지인, 신인, 천인, 진인)은 위에서 말한 것처럼 자신의 생각을 내세우지 않고[무기 · 無己] 자연의 균형이라는 관점에서 사물을 대했던 것이다. 즉 성인은 시비와 선악, 옳고 그름과 미추, 귀천처럼 명확한 경계와 기준을 전제로 하는 인간의 행위, 인간의 이념, 인간의 욕망, 인간의 지식을 자연의 관점에서 모두 해체한 것이다.

이와는 정반대로, 고대 서양의 대표적인 소피스트인 프로타고라스는 각 개인은 어떤 것이 존재한다는 것에 대해서, 또는 어떤 것이 존재하지 않는다는 것에 대해서 기준이 된다고 주장했다. 우리에게 '인간은 만물의 척도'라는 명제로 더 잘 알려진 이 진술은 인간(개인 또는 집단)의 필요와 욕구를 충족시켜 주는 지식과 힘이 곧 인간에게 진리이고 정의라는 주장이다. 하지만 인간의 이기심과 욕망이 옳고 그름, 정의와 부정의의 기준이라는 소피스트의 상대주의적 진리관이 폴리스 시민들의 정신을 빠르게 타락시키고, 혼란을 부추겼다는 점 또한 역사적으로 잘 알려진 사실이다.

장자는 우리에게 개인(또는 주관)의 관점, 집단의 관점, 권력과 강자의 관점, 이념과 목적의 관점에서 사물과 정치를 바라보아서는 안 된다고 가르친다. 이미 보았던 것처럼 미꾸라지이든, 원숭이이든, 오리이든, 학이든, 물고기이든, 새이든 모든 자연물들은 자신에게 깃든 스스로 그러한 본성으로서 자연성에 따라 자유로운 삶을 살아가고 있다. 인간 또한 하나의 자연물이라는 점에서 예외여서는 안 된다. 그럼에도 오직 인간만은 자신의 개인적 욕망의 실현을 위해 자기가 속해 있는 집단의 힘을 강화해 지배력을 키우려 하고, 자신이 추구하는 정치적·종교적 이념을 실현하기 위해 끊임없이 '자연의 결'과 역행(逆行)한다.

그런데 장자가 활동했던 전국 시대는 이와 같은 역행의 끝을 보여 주고 있었고, 그런 만큼 그 고통과 혼란 또한 정점을 치닫고 있었다. 이런 상황에서 인간은 '성심(成心)'인 '자신의 소리[인뢰·人籟]'만을 들으려 할 뿐, '자연의 소리[천뢰·天籟]'에는 귀를 기울이지 않는다. 천뢰는 오직 자신을 잊고 버림[상아·喪我]으로써만 가능하기 때문이다.

나를 버리고, 나를 잊는다는 말은 그 본질과 지향점은 정반대이지만, 근대 철학자 베이컨이 말했던 일종의 우상으로서 선입견과 편견들을 버리고 잊는다는 뜻이다. 그것은 내가 특정한 시대를 살아가는 집단의 구성원이기 때문에 갖고 있는 집단적 편견으로, 가치와 감정, 내가 성장하면서 나에게 영향을 미쳤던 교육과 경험을 통해 형성된 주관적 신념 및 지식 체계, 우리가 원활한 공동생활을 하기 위해 만들어 낸 인간만의 정교한 언어와 의사소통체계, 그리고 우리에게 감명을 주어 우리의 행동을 이끌어 왔던 전통과 권위의 체계들이다.

따라서 장자에 의하면, 그동안 문화와 인위의 세계에서 우리를 지탱하고 지켜 왔던 이러한 것들에 대한 집착과 관심을 우리가 하나씩 버리고 잊을 때마다, 즉 그것을 깰 때마다 그로 인한 '구멍(틈)'인 '허(虛)'가 생긴다. 동시에 이 비어 있는 허(虛)로 그만큼의 자연성이 들어와 회복된다. 그러므로 허가 마련된다는 것은 자연성이 회복될 수 있는 토대가 된다. 이 점에서 장자에게 허란 곧 자연성을 의미한다.

장자는 이처럼 자신을 잊고 버리는 실천적 행위를 좌망(坐忘)이라 한다. 좌망이란 한마디로 인간이 만들어 낸 지식과 규범, 인의예지의 도덕을 더욱 채우고 '더하는 것'이 아니라 끊임없이 '빼고' 덜어 내는 내적인 깨달음의 공부이다. 『장자』의 「대종사」편에는 공자와 그의 제자인 안회의 대화가 나온다.

안회 : 저는 더 나아졌습니다.

공자 : 그게 무슨 말이냐?

안회 : 예(禮)와 악(樂)을 잊었습니다[망·忘].

공자 : 좋지만 아직 부족하구나.

안회 : (얼마 후) 저는 인(仁)과 의(義)를 잊었습니다.

공자 : 좋지만 아직 부족하구나.

안회 : (얼마 후) 저는 좌망(坐忘)했습니다.

공자 : 그게 무슨 말이냐?

안회 : 손과 발, 저의 몸을 잊어 귀와 눈 같은 모든 감각 기관을 멈추었고, 지식을 버려[거지·去知], 도(道)와 하나가 되었는데[대통·大通], 이를 좌망(坐忘)이라 합니다.

공자 : 도(道)와 하나가 되면 좋아하고 싫어함이 없어지고, 일정한 것을 따르지 않아도 되니 정말 훌륭하구나. 나도 너의 뒤를 따르련다.

물론, 이것이 실제 공자와 안회의 대화는 아니다. 그럼에도 공자가 제자인 안회를 따르겠노라 말하게 하는 것은 장자의 의도된 전략이다.

공자와 유가가 가장 중요하게 여겼던 인의예악(仁義禮樂)은 장자의 입장에서 볼 때 인위와 꾸며냄의 결과물이기 때문에 사회를 혼란에 빠뜨리는 근본 원인이자, 인간의 정신과 몸을 옭아매는 질곡의 상징이자 대표적인 우상들이다. 이 때문에 대화의 끝에서 인의예악을 가르쳤던 공자가 가장 아꼈던 제자인 안회의 뒤를 따르겠노라고 말하도록 한 장자의 전략은 매우 탁월하다.

한편, 공자는 또 다른 대화에서 마음으로 듣지 말고 기(氣)로 들어야 하는데, 그 이유는 기(氣)란 비어 있어[허 · 虛] 모든 사물을 받아들일 수 있기 때문이라 가르친다. 곧 '비어 있는 곳'에 도(道)가 깃든다는 말이다. 또 공자는 계속해서 '이처럼 마음을 비우는 것이 심재(心齋)'라며 제자를 일깨운다. 이처럼 장자에게 심재란 좌망과 함께 감각 기관과 주관적 · 집단적 고정관념을 넘어선 상심(常心, 본심 · 本心)의 회복을 의미했다.

아무튼 장자는 인간의 욕망과 문화의 상징인 인위와 억지로서 인의예악을 부정하고 버리며, 잊고 해체함으로써 그 틈으로 허(虛)인 자연의 덕이 깃들고 채워지도록 하고 있다. 대통(大通)이란 바로 '스스로 그러한' 자연성과 비로소 하나가 되었으며, 따라서 정신이 비로소 자연을 거슬리지 않고, 자유롭게 해방되었다는 뜻이다. 또 장자의 해방된 자유로운 정신이야말로 소요(逍遙)의 행복에 대한 다른 표현이다.

장자는 인간이 만들어 낸 어떤 고정관념이나 편견으로서 지식 체계에 의존하지 않고, 끌려다니지 않는 이상적인 인간, 즉 무대(無待)하고 소요하는 인간을 「소요유」와 「대종사」편에서 풍부하게 설명한다. 장자의 가장 친한 친구로 알려진 명가(名家, 이름과 실재의 관계에 대한 논리적 분석을 중시하는 학파)의 혜시와 나눈 대화는 해방과 소요의 성격을 잘 보여 준다.

혜시 : 내가 박씨 하나를 심어 키웠는데, 그 크기가 다섯 섬(약 900리터)이나 되었네. 크기에 비해 튼튼하지 못해 물을 담는 바가지로 사용할 수가 없었고, 너무 커서 담을 만한 용기로도 쓸 수가 없었네. 나는 어쩔 수 없이 그 박을 부숴 버렸네.

장자 : 자네는 참 생각이 천박하고 편협하며 옹졸하군. 빨래가 직업이던 한 송나라 사람의 가문에는 대대로 내려오던 비밀스런 특효약이 있었네. 그것은 한 겨울 찬 물에 빨래를 해도 손이 트지 않는 비약이었지. 하루는 한 나그네가 찾아와 그 비방을 팔면 금을 넉넉하게 준다고 했어. 이윽고 가족회의의 결과에 따라 그 비방을 팔았다네. 나그네는 그 비방을 갖고 왕을 찾아가 겨울에 수전(水戰)을 일으켜 크게 승리하는 전략으로 활용했다네. 같은 기술로 어떤 사람은 예전의 일을 계속하고 있지만, 또 어떤 사람은 전쟁에서 영웅이 되어 영토를 얻게 되었어. 상황이 이와 같은데 자네는 어찌 너무 커 쓸모가 없다고만 하는가?

각각의 사람들이 같은 사물과 상황을 대하면서도 어떤 관점에서 바라보고, 어떻게 해석하며 받아들이느냐에 따라 전혀 다른 행동과 결과를 낳을 수 있다. 장자는 혜시가 혜시 자신(즉 개인)의 경험에서 얻는 지식, 사람들이 박과 바가지에 대해 갖고 있는 표준화된 획일적인 지식의 쓰임에 갇혀 있다고 지적한다. 그리고 이를 일깨우기 위해 손을 트지 않게 하는 비방의 이야기를 들려준다. 이는 곧 장자가 '개인의 경험과 지식', '인간의 지식과 경험'에 의해 확립되고 규정된 가치와 지식 체계를 해체하고 버림으로써(또는 초연함으로써) 이르게 되는 속박되지 않는 자유로운 정신과 삶에 대해 말하려 하고 있음을 알 수 있다.

우리 인간은 하나의 사물을 대할 때 주로 '자신(즉 주관)'의 관점이나 '인간'의 관점에 근거해 그 사물의 유용성(쓰임)과 실용성을 평가한다. 이렇게 되면 사물은 단지 인간을 위한 도구로서의 가치를 지닐 뿐, 그 사물이 지닌 '원래 스스로 그러한' 자연으로서의 가치를 박탈당하게 된다. 장자가 혜시에게 지적하고 있는 점도 바로 이점이다. 그것은 소유와 인위의 인간중심에서 자연과 무위의 소요중심으로의 전환이다. 더불어 이 이야기에서 장자가 '전쟁 영웅'을 칭송하는 것은 더더욱 아니라는 점을 명심해야 한다.

허심 : 성인, 지인, 진인, 신인, 천인

『장자』의 「덕충부」는 자연의 관점과 하나가 되는 대통(大通)의 삶, 즉 도(道)와 허심(虛心)의 이상적인 삶을 사는 지인(至人), 진인(眞人), 신인(神人), 천인(天人)에 관한 이야기로 채워져 있다. 장자에 의하면, 이들은 모두 인간의 관점에서 보면 소인에 불과하지만, 자연의 관점에서 보면 모두 성인이다. 왜냐하면 대립적이고 이분법적인 상대적 지식이 강요하는 속박과 경계를 넘어서 그러한 대립의 경계가 사라진 도추(道樞), 즉 도의 중심에 위치하여 모든 변화에 차별 없이 자연의 관점에서 대응하기 때문이다.

앞의 경우처럼 여기서도 공자가 자주 등장하는데, 그 이유는 공자의 유가가 자연과 상반되는 인위적 인간 세계의 표상이기 때문이다. 그런데 자유로운 정신과 자연의 덕이 충만한 인물들을 그려내고 있는 「덕충부」에 나오는 인물들의 공통점은 겉으로 보기에 또는 일상적인 인간의 관점에서 볼 때, 모두 보잘것없고, 흉하고 추하며, 심한 장애를 안고 있어서 가까이 하고 싶지 않은 모습으로 그려진다. 장자가 이상적인 인간을 그려 내기 위해 굳이 이러한 형상의 인물들을 그리는 이유는 명확하다. 그것은 인간의 관점에서, 지배적인 문화의 관점에서, 그리고 개인이나 집단의 경험적 편견에서 비롯된 평가 기준이 편협하고 조작된 것임을 보여 주기 위해서이다.

예를 들어, 다리가 잘린 왕태라는 인물에 대해 공자는 그의 제자들에게 성인이라 받들며 스승으로 모시고 싶은 인물이라고 말한다. 그리고 그 이유에 대해 그는 눈과 귀와 같은 가상에 미혹되지 않고, 사물과 함께 하나가 되어 그 근본을 지키는 사람이며, 덕이 조화를 이루어 자유롭게 움직이기 때문이라고 제자들을 깨우쳐 준다. 장자에게 왕태는 비록 육체적으로는 불구이지만, 인의예지와 같이 유가가 강조하는 유용(有用)의 덕에 구속되지 않았으며, 이러한 덕들로부터 완전히 해방되어 물아일체의 상심(常心)을 지닌 자유로운 인간이다.

노나라에 다리가 잘린 왕태라는 사람이 있었다. 그런데 그를 따르는 사람이 공자의 제자들만큼이나 많았다. 이에 대해 노나라 현자인 상계가 공자에게 물었다.

상계 : 왕태는 다리가 잘린 사람인데도 따르는 사람이 많습니다. 그는 일부러 가르치지도 않았는데, 사람들은 그에게 가서 가득 채우고 옵니다. 정말로 말이 없는 속에서 가르침[불언지교·不言之敎]이란 게 있습니까?

공자 : 그분은 성인이다. 단지 내가 아직 부족하여 그분을 뵙지 못했지만, 스승으로 모시고 싶은 분이다. 생사가 중요한 일이기는 하지만, 이것이 그분에게는 어떤 변화도 주지 못한다. 그는 천지가 무너진다 해도 영향을 받지 않을 것이고, 가상에 미혹되지 않고, 사물과 함께 변함이 없으며, 그 근본을 지키는 사람이다. 그는 말소리와 얼굴에 얽매이지 않고 덕(德)이 조화를 이룬 사람이고, 그 경지에서 마음을 자유롭게 움직인다. 만물을 하나로 간주하는 사람이다.

장자는 이런 사람을 '진인(眞人)'이라 부르는데, 그에게 진인이란 부족하다고 해서 자연을 억지로 거스르지 않고, 일을 이루었다고 해서 우쭐거리지 않으며, 세속에서 자신의 뜻대로 일을 꾸미지 않는 사람이다. 또한 진인은 삶을 즐거워할지도 모르고, 죽음을 싫어할 줄 모르기 때문에 생명의 기원을 묻지 않으며, 어디에서 끝나는지도 묻지 않는다. 한마디로 인위(人爲)로 자연(自然)을 조장하지 않는 사람이다. 진인은 또한 성인이기도 하다. 왜냐하면 성인은 사람을 편애하지 않으며,

명예를 추구함으로써 자신을 잃지 않으며, 몸을 망치면서 참됨을 잃지 않기 때문이다.

자상호, 맹자반, 자금장 세 사람은 친구인데, 이들은 "서로 사귄다는 마음조차 없는 가운데 서로 사귀며, 서로를 돕는다는 생각조차 없는 가운데 서로 도왔으며, 세속에 얽매이지 않고 자연의 순환에 생명을 잊고 순응했다." 그런데 자상호가 먼저 죽자, "그대는 이미 참된 세계로 돌아갔는데, 우리는 여전히 사람이네." 하면서 두 친구가 가야금을 뜯으며 노래를 불렀다. 이에 자공이 공자에게 물었다.

자공 : 저들은 어떤 사람입니까?

공자 : 저들은 현실 세계를 초탈하여 노닐고, 나는 현실 세계에서 노니는 사람이다. 저들은 천지의 일기[천지일기 · 天地一氣]에서 노닐기 때문에 생명(삶)과 죽음을 악성종기가 터지는 것처럼 여기지. 그들은 걸림 없이 세상 밖에서 노닐며 무위(無爲)하면서 소요(逍遙)하니 어찌 세속의 예를 지키며 과시하겠는가? 이 때문에 하늘의 소인은 인간 세상의 군자이고, 하늘의 군자는 인간 세상의 소인이지.

인간 세상에서 군자의 예법과 지식은 언제나 '정상과 비정상', '규범과 일탈', '문화와 자연', '생과 사'처럼 옳고 그름에 관한 경계가 이분법적 대립에 기초해 명확하게 규정된다. 하지만 '충만한 자연의 덕', 그리고 소요의 허심(虛心)의 관점을 맞이하고 실천하면 그들처럼 물아(物我, 외물과 자아)를 잊은 지인(至人)의 삶이 가능해진다. 이런 이유 때문에 장자는 "지인은 무기(無己)하고, 신인(神人)은 무공(無功)하며, 성인(聖人)은 무명(無名)"한다고 했다. 따라서 그들은 모두 개인중심주의와 인간중심주의로부터 벗어나 '자연의 본성을 타고 모든 기운의 변화를 거느리며 무궁에서 노니는' 사람들이다.

『장자』의 「소요유」편에는 도(道)와 함께 소요하는 진인에 이르기까지의 과정이 잘 묘사되어 있다.

> 지식으로 보면 어떤 관직을 맡을 만하고, 행실로 보면 한 고을을 맡을 만하며, 덕으로 보면 한 나라의 군주를 맡을 만한 사람은 대붕(大鵬)을 비웃는 메추라기와 같다. 그렇지만 송영자(宋榮子)는 이런 사람들을 웃음으로 대하며, 사람들이 자신을 칭송해도 우쭐대지 않으며, 비난해도 개의치 않는다. 단지 자신과 남의 몫(역할)을 알고, 명예와 치욕을 명확히 구분할 뿐 명예를 추구하지 않았다. 그러나 아직 부족한 부분이 있었다. 반면, 열자(列子)는 바람을 타고 다니면서 보름이 되면 다시 돌아왔다. 그는 행복을 조급하게 추구하지도 않았다. 비록 열자가 걷는 것은 면했지만, 그렇다고 모든 기운의 변화를 거느려 무궁에서 노닌(또는 소요한) 것은 아니어서 아직 바람에 의지하고 있었다. 하지만 지인은 무기하고, 신인은 무공하며, 성인은 무명하여 어떤 것에도 의지하지 않는다.

메추라기(작은 새)는 '우물 안 개구리'처럼 자신의 경험적 지식 세계에 갇혀 있기 때문에 '하늘을 덮을 것처럼' 큰 붕새에 대해 알지 못하며, 그렇기 때문에 그의 날갯짓 또한 이해하지 못하고 비웃을 수 있다. 마찬가지로 인간(개인)의 지식이란, 곧 인간(개인)의 경험적 지식의 한계를 반영한다. 하지만 인간의 지적 교만과 한계를 인식하게 되면 송영자의 단계로 진보하며, 이 단계가 되면 세상 사람들이 정해 놓은 기준에 개의치 않기 때문에 유(有, 인위)를 버릴 수 있다.

그렇더라도 여전히 자신의 존재 근거를 땅 위에 두고 있어 땅에 의지하지 않으면 존립할 수 없다. 그런데 여기서 더 진보하면 열자의 단계에 이르는데, 열자는 땅에 의지하지 않으면서 자신을 바람에 맡겨 보름 동안이나 자아를 버리고 자연과 함께한다. 하지만 열자 또한 보름의 시간을 마치면 다시 돌아와야 하며, 여전히 바람에 의지하지 않으면 안 된다. 마침내 독립된 자아의식을 완전히 버리고 잊는 좌망과 심재를 통해 진인이 되면 '스스로 그러한 상태'에서 '소요'하는 절대 자유와 행복에 이르게 된다.

문화와 문명의 역사를 '탈자연화'의 과정이라 한다. 쉽게 말하면, 자연성의 배제와 자연성에 대한 약탈 과정이 곧 문화와 문명의 과정이란 뜻이다. 루소의 말처럼, 자연에서 나올 때는 좋았던 인간이 '혼돈'의 인간화를 꾀하는 순간부터 동시에 자연성에 대한 억압도 함께 진행해 왔다. 근대 이후 이와 같은 진행은 더욱 속도를 냈고, 오늘날 '속도'는 현재를 상징하는 용어가 되었다. 측면을 보지 못하도록 눈가리개를 하고 오직 앞과 목표만을 향해 달리도록 조련된 경주마처럼 속도 경쟁을 하는 것이 지금의 문화이고 문명이다. 이 속에서 한 번의 실패란 곧 다시 일어설 수 없음을 의미하고, 뒤쳐진다는 것은 무능의 다른 표현일 뿐이다.

하지만 장자는 중심과 권력(힘), 목적 지향적인 우리의 삶과 문화가 사실은 인간의 자연성에 대한 극도의 억압과 폭력이라는 사실을 집요하게 폭로한다. 그런 다음, 장자는 자연에서 좋았던 인간의 모습을 회복하고, 그 자연을 행함으로써 자신의 삶을 예술로 승화해 소요할 것을 일깨운다. 장자의 이러한 세상에서 우리의 정신은 평등하면서 자유롭고, 다양성 속에서 함께 조화를 이루고 행복하다(정신의 진정한 해방).

소지(小知)는 대지(大知)를 모르고 생명이 짧은 것은 생명이 긴 것을 모른다. 그래서 하루살이는 내일을 모르고, 한여름 벌레는 봄과 가을을 모른다.

대지는 여유롭고 한가하지만, 소지는 자세히 분별한다.

성인은 품어 주고, 중인(衆人)은 변별한다. 이 때문에 중인은 보지 못하는 것이 있게 된다. 왜냐하면 나누게 되면 배제되는 것이 있기 때문이다.

노자가 죽자 친구인 진일이 딱 세 번 곡하고 나왔다. 제자가 '이렇게 해도 됩니까?' 하고 물었다. 이에 진일이 "때에 맞추어 온 것이 살아 있을 때이고, 때에 맞게 떠나가는 것도 자연에 따른 것이다. 때에 맞춰 살아 있을 때 편안하고, 자연을 따르게 되면 슬픔과 즐거움이 들어오지 못할 것"이라 깨우쳐 주었다.

도는 무위(無爲)무형(無形)하며(그러므로 말로 규정할 수 없다), (마음으로) 전할 수는 있지만 (입이나 귀 같은 감각기관으로는) 받을 수는 없고, 터득할 수는 있지만(즉, 마음으로 깨달을 수는 있지만, 감각 기관으로) 볼 수는 없다.

원숭이들에게 '상수리를 아침에 셋, 저녁에 넷을 주겠다'고 하자 원숭이들이 화를 냈다. 이에 '아침에 넷, 저녁에 셋을 주겠다'고 했더니 원숭이들이 즐거워했다. 하지만 이름[명 · 名]도 실(實)도 달라지지 않았지만, 화내고 즐거워하는 것은 굳이 시비(是非)를 가리려 하기 때문이다. 이에 성인은 자연(自然)의 균평(均平)이라는 이치에 따라 조화롭게 하였다[양행 · 兩行].

태어나고 죽는 것을 명(命)이라 하고, 낮과 밤이 일정하게 바뀌는 것을 자연[천 · 天]이라 한다. 이 모든 것은 우리 인간의 힘으로는 어찌할 수 없는 것인데, 이것이 사물이 존재하는 있는 그대로의 모습이다. 이들은 단지 천(天)을 아버지로 삼고, 몸으로써 하늘을 사랑한다.

음양은 그치는 법이 없다. 자연은 나에게 몸을 맡겨 주고 나를 생명으로써 수고롭게 하고, 늙음으로써 나를 편안하게 하고, 죽음으로써 나를 쉬게 하니 생명이 좋은 것이라면, 곧 그 때문에 내 죽음도 좋은 것으로 여겨야 할 것이다.

공자가 말했다. "사람은 흐르는 물에 자신을 비춰보는 것이 아니라 고요한 물에 자신을 비추어본다. 오직 고요한 물만이 사람들의 발걸음을 멈추게 한다. 오직 고요한 것만이 다른 모든 것들을 고요하게 할 수 있다."

귀는 듣는 것을 멈추고, 마음은 외부 사물과 접촉하는 것을 멈추어야 한라. 기(氣)는 허(虛)하지만, 온갖 사물을 받아들일 수 있는 것이다. 오직 도(道)만이 허(虛)에 모이는데, 이것이 심재이다.

사람들은 유용(有用)의 용(用)만 알고 무용(無用)의 용(用)은 알지 못한다.

가장 훌륭한 삶이란 인간의 자연스런 도덕 공감 능력을 따르는 삶이다

– 맹자 –

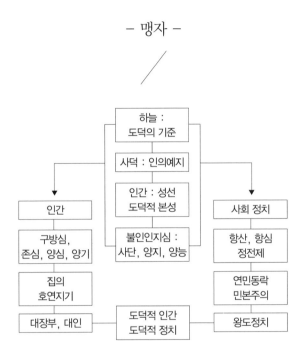

"군자가 가르치는 방식은 다섯 가지이다. 때맞춰 내리는 비와 같이 만물을 적셔 주는 방식, 덕(德)을 완전히 이루게 하는 방식, 재질을 통달하게 하는 방식, 물음에 답하는 방식, 여운을 남겨 후대 사람들이 스스로 학습하게 하는 방식이다."

"힘으로 하는 정치는 인(仁)을 가장한 패도이고, 단지 힘이 부족하기 때문에 복종하는 것이다. 인자한 덕으로 하는 정치는 왕도이고, 사람들은 마음속으로 기뻐하여 진정으로 복종한다."

하늘, 사덕, 사단, 도덕적 공감 능력

이제 200년의 시간이 흘러 공자의 춘추시대보다 더욱 혼란한 전국시대로 들어섰다. 이때가 되면 제후국들은 주나라로부터 독립하려는 욕구를 더욱 강하게 드러내 스스로를 왕이라 칭하며, 진·조·위·한·제·연·초와 같이 일곱 나라로 분열되어 약육강식의 시대로 접어드는데, 이를 '전국칠웅 시대'라고 한다. 맹자는 당시 소국이었던 추나라 출신으로 양나라와 제나라를 돌아다니며 자신의 정치적 이상을 펼치고자 했지만, 부국강병이 시대의 흐름이었던 탓에 그 뜻을 이루지 못했다.

공자의 죽음과 맹자가 태어난 시간 사이에는 약 100여 년의 간극이 있지만, 맹자는 스스로 공자의 제자임을 자처하면서 공자의 유가를 더욱 발전적으로 계승하고, 묵가와 법가의 비판으로부터 유가를 보호했다. 공자처럼 맹자 또한 인간 내면의 도덕성에 주목하고, 이로부터 인간과 사회·정치적 이상을 풀어냈다.

맹자는 먼저 사람이 사람일 수 있는 까닭은 무엇일까에 대한 질문을 통해 공자의 인간 이해를 더욱 심화했다. 그다음, 맹자는 그 근거를 하늘이 인간에게 태어나기 이전에 부여한 것, 즉 '사덕(四德, 인의예지·仁義禮智)'에서 찾고, 그 구체적이고 현실적인 실마리를 '사단'에서 발견하려고 했다.

그렇다면 우리는 현실 속에서 사단을 어떻게 확신할 수 있을까? 맹자는 이제 막 기어 다니기 시작하는 어린아이가 우물에 빠질지 모르는 위험에 처하게 되는 상황에서 모른 채 눈감고 가 버리는 사람은 없다고 확신한다. 맹자는 설령 그곳을 지나는 사람이 도둑일지라도 아이를 구할 것이라고 단정했다.

이해관계가 복잡하고 자기 이익을 우선시하는 사람들이 많은 오늘날의 우리 현실을 고려하면 의심이 가지 않는 것은 아니지만, 맹자는 생명이 위태로운 상황에 빠진 사람을 그대로 두고 가는 모습을 인정하고 싶지 않았던 것 같다. 왜냐하면 맹자는 공자의 도덕적 인간과 사회에 대한 이상을 절대적으로 신뢰하고 있었고, 이것을 우리가 마땅히 추구해야 할 이상으로 보았기 때문이다.

맹자는 하늘을 도덕의 절대 기준으로 삼고, 이를 근거로 인간을 이해하려했기 때문에 인간은 태어나면서부터 도덕적 본성, 즉 남의 불행을 차마 눈으로 보지 못하고 도와주고자 하는 본성[불인인지심 · 不忍人之心]이 있다고 믿었다. 그리고 이것이 구체적으로 사단, 즉 측은지심(惻隱之心, 다른 사람을 불쌍히 여기는 마음), 수오지심(羞惡之心, 자기 잘못을 부끄러워하고 다른 사람의 불의를 미워하는 마음), 사양지심(辭讓之心, 자기를 낮추고 공경하는 마음), 시비지심(是非之心, 도덕적으로 옳고 그름을 분별하는 마음)이라고 강조한다. 즉, 사람의 겉모양에 두 개의 팔과 두 개의 다리가 있듯이, 사람이 사람인 까닭에도 네 개의 다리가 있는데 이것이 사단이라는 것이다. 이처럼 우리는 사단이라는 선험적인 도덕 감정 또는 도덕적 공감 능력이 밖을 향해 드러나는 모습을 보면서 사덕이 인간의 이치로 내재하고 있음을 알 수 있다는 것이 맹자의 생각이었다.

이처럼 맹자는 인간의 도덕적 본성에 대해 사덕과 사단을 말하면서,

또한 인간은 태어나면서부터 양지(良知)와 양능(良能)을 갖고 태어난다는 주장을 한다. 여기서 양(良)이란 선천적인 도덕적인 마음 또는 공감 능력이고, 지(知)란 도덕적인 지식(앎)이며, 능(能)이란 이 모든 것을 행동으로 옮길 수 있는 실천 능력을 말한다. 이로 미루어 볼 때, 인간은 깊게 생각하지 않더라도 이미 무엇이 도덕적으로 옳은지를 알고 있으며, 힘들여 배우지 않더라도 이미 도덕적인 행동을 할 수 있는 능력을 갖추고 있다. 맹자는 우리가 사람을 사랑하고 부모를 공경하는 것에 대해 굳이 배우지 않아도 이미 알고 있다고 생각했으며, 또한 이것이 세상의 보편적 이치라 믿고 있었다.

맹자의 말처럼, 이렇게 착한 본성을 갖고 태어난 인간이 왜 당시와 같이 무질서하고 잔혹한 전쟁을 일삼는 세상을 만든 것일까? 이에 대해 맹자는 스스로 어질고 의로운[인의 · 仁義] 도덕적 본성을 지키려는 노력도 하지 않은 채 환경에 자신을 내맡겼기 때문이라고 말한다. 말하자면, 아무리 도덕적으로 올바른 본성의 단서를 갖고 태어났다고 할지라도, 스스로 이를 보존하고 지키고 온전하게 완성하려는 의지가 없다면, 그 도덕적인 씨앗이 자라지 못하고 사그라진다는 뜻이다.

> 인(仁)은 사람의 마음이고, 의(義)는 사람의 길이다. 올바른 길을 버리고 가지 않는 것은 선량한 마음을 잃고도 찾으려 않는 것이니 슬픈 일이다. 학문하는 것이란 이 잃어버린 마음을 찾는 것일 뿐이다.

이 때문에 맹자는 우리 본성에 내재하고 있는 선천적인 도덕적 마음

을 보존[존심·存心]하고, 호연지기를 기르는 노력[양심 양기·養心
養氣]이 필요하다고 강조한다. 또 이와 함께 도덕적인 마음과 공감 능
력을 더욱 충실하게 넓혀 가는[확충·擴充] 한편, 잃어버린 본래의 착
한 마음을 찾고자 하는 노력[구방심·救放心]을 쉼 없이 해야 한다고
가르친다.

(선한) 마음을 다하면 사람의 본성을 알게 되고, 본성을 알면 천명
을 알게 된다. 본심을 보존하여 본성을 기르는 것이 천명(하늘)을
대하는 것이다.

이 모든 노력들은 어질고 의로운[인의·仁義] 본성을 차근차근 쌓아
가는 과정인데, 맹자에 의하면 이 과정은 동시에 호연지기(浩然之氣)를
완성해 가는 과정이다. 즉, 하늘과 땅 사이에 으뜸이 되는 도덕적 기운
이 가득하도록 이상적인 인격을 실현하는 과정이다. 맹자의 대장부 또
는 대인이란 이와 같은 과정을 억지로 하지 않고 본성에 따라 자신의
마음을 다함으로써[집의·集義] 마침내 이르게 되는 이상적인 인간의
경지이다.

호연지기란 지극히 크고 굳센 기운인데, 이 기운은 의리(義理)에
근거한 행동이 쌓이고 쌓였을 때 자연스럽게 생겨나는 것이다. 우
연히 한 가지 의로운 행동을 했다고 해서 갑자기 나오는 것이 아니
다. 억지로 자라도록 조장하는 자는 도리어 의를 해치는 자이다.

맹자가 공자의 인(仁)에 이처럼 의(義)를 결합해서 강조했던 배경에는 내면의 인간다운 사랑인 인(仁)만으로는 감당하기 어려운 전국 시대의 현실이 반영되어 있다. 즉, 정의와 부정의를 명확하게 구별 지음으로써 공적인 차원에서 사회 정의를 더욱 확고히 하고자 했던 맹자의 의지가 반영된 것이라 할 수 있다.

다시 말해, 사회·정치를 운영하는 근본 원리인 정의[의·義]를 내세움으로써 개인적인 욕심을 채우는 데 급급한 잘못된 권력을 도덕적 차원에서 견제하고, 나아가 부정함으로써 힘에 의한 지배[패도·覇道]가 발붙이지 못하도록 하려는 의도였다. 맹자가 폭군을 몰아내는 방벌(放伐)과 혁명의 실천이 도덕적으로 정당하다고 주장한 것도 바로 이와 같은 이유에서이다.

> 백성이 귀하고, 사직은 다음이며, 군주는 가볍다. 이 때문에 백성의 마음을 얻으면 천자가 되고, 천자의 마음을 얻으면 제후가 되며, 제후의 마음을 얻으면 대부가 된다. 제후가 사직을 위태롭게 하면 (이는 군주가 실정을 한 결과이기 때문에) 군주를 교체한다.

불인인지심, 왕도정치, 항심, 정전제, 혁명

맹자가 인간의 본성을 도덕성(즉, 성선설)에서 찾았던 배경에는 그가 공자의 도덕 정치 이상을 계승했다는 점이 매우 중요하게 작용하고 있다. 무슨 말이냐면, 그의 성선설은 그 자체로서 의미도 있지만, 더욱 중요한 것은 그의 도덕 정치의 이상을 설명하기 위해 필요한 매우 중요한 장치라는 점이다.

맹자의 정치적 이상은 왕도정치로 불린다. 이것은 공자가 도덕적 인격을 갖춘 인간으로부터 도덕적인 정치와 이상사회(대동 사회)로 확장했듯이, 맹자 또한 도덕적인 본성으로부터 도덕적인 정치(즉 왕도 정치)로 확장하는 것과 같다. 즉 맹자는 '불인인지심'의 도덕적인 마음을 정치에 적용해, 이를 왕의 마땅한 도리로 삼았다. 따라서 왕도 정치란, 백성의 가여운 처지를 차마 눈뜨고 볼 수 없어서 이를 구제해 주고 싶은 측은의 마음을 구체적인 정치 행위로 보여 주는 것이다.

그런데 전국시대의 백성에게 가장 가여운 처지란 곧 물질적으로 궁핍하고, 당장의 생존이 위협받는 상황을 의미한다. 따라서 마땅히 왕도 정치란 이를 해결해 주는 것인데, 맹자는 이것을 보민(保民)과 항산(恒産), 정전제(井田制)에서 찾았다.

'보민'이란 백성을 근본으로 삼아 백성을 보살피고 지켜 주는 정치로, 민본주의를 표현하는 말이다. '항산'은 백성의 경제적·물질적 고민을 해결해 주겠다는 선언이고, '정전제'는 이 선언에 따른 구체적인 방법이다. 즉 일정한 지역의 땅을 우물 정(井)자로 고르게 나눈 다음, 백성들로 하여금 각자의 땅에서 경작하게 함으로써 물질적 궁핍을 해결해 주는 것이다. 이로써 백성은 부모를 봉양할 수 있게 되어 효를 할 수 있고, 자식을 부양할 수 있게 되어 버려지는 아이도 없어진다. 그렇게 되면 백성의 마음은 한결같아져 원래 타고난 도덕적인 마음과 공감 능력을 보존하고 온전하게 유지할 수 있게 된다. 이것을 가리켜 '항심(恒心)'이라고 한다.

5무의 집 둘레에 뽕나무를 심어 누에를 치면 노인에게 비단을 올릴 수 있고, 가축을 기르면 고기를 먹을 수 있고, 경작하면 가족이 굶주리지 않을 수 있다. 이리하면 백성들이 어찌 어질지 않겠는가?

일정한 생활 근거[항산 · 恒産]가 없어도 일정한 마음[항심 · 恒心]을 갖는 것은 선비만이 할 수 있고, 일반 백성은 항산이 없으면, 항심도 없어진다.

백성과 함께 하는 즐거움이 진정한 즐거움[여민동락 · 與民同樂]이라는 신념, 백성이 가장 귀한 존재이고 군주는 가장 가벼운 존재라는 믿음, 항산(경제적인 안정)이 보장될 때 항심(한결같은 마음)도 유지될 수 있다는 믿음, 그리고 정치는 힘이나 권세가 아니라 백성을 가엽게 여기는 진실한 마음에서 비롯되어야 한다는 믿음에서 맹자의 민본주의 정치(즉, 백성을 근본에 두는 백성을 위한 정치)와 혁명론이 지닌 현재적 의미를 발견할 수 있다.

2012년 대선 당시 어떤 후보는 "이제 그는 국민을 안심시키는 대통령, 서민의 눈물을 닦아 주는 대통령이 될 것"이라 광고했고, 다른 어떤 후보는 "어머니와 같은 간절한 마음으로, 끝없는 책임감으로, 따뜻한 섬세함으로 국민 행복 시대를 열겠다"며 민본주의에 바탕을 둔 '국민을 위한 정치'를 광고했다. 그러고 보면 맹자가 그토록 강조했던 '국민과 함께 행복(여민동락)'이라는 민본주의 이념은 시대를 넘어선 정치의 근본이라는 생각이 든다.

옛날 사람들은 백성들과 함께 즐겼기 때문에 진정한 즐거움을 얻을 수 있었다.

왕도의 시작은 때에 맞게 적절하게 하여 …… 백성들이 산 사람을 부양하게 하고, 죽은 사람을 장사지내는 데 아무런 불만이 없도록 하는 것이다.

왕의 푸줏간에 기름진 고기가 있는 반면, 백성의 얼굴에 굶주린 기색이 있고, 굶어 죽는다면, 이는 정치로 사람을 죽이는 것이다.

종에 피를 바르는 의식에 사용할 소가 끌려가는 모습을 불쌍히 여겨 양으로 바꾸라는 명령을 내린 왕은 '다른 사람이 가지고 있는 마음을 헤려 내가 안다'는 『서경』의 말처럼, 살아 있는 것을 보고 차마 그것을 볼 수 없어서 그렇게 한 것이다. 따라서 왕도란 하지 않는 것이지, 할 수 없는 것이 결코 아니다.

인(仁)을 해치는 자를 적(敵)이라 하고, 의(義)를 해치는 자를 잔(殘)이라 하며, 이런 잔적(殘賊)한 사람을 일부(一夫)라 한다. 따라서 폭군을 죽이는 것은 잔적을 죽인 것이지, 군주를 시해한 것이 아니다.

필요한 모든 물건을 혼자서 만들어 써야 한다면 이는 세상을 궁핍하게 만든다. 그러므로 어떤 사람은 정신노동[노심 · 勞心]을 하고, 어떤 사람은 육체노동[노력 · 勞力]을 한다. 노심이 노력을 통치하는 것은 천하의 공통 원칙이다.

사람은 입맛에서 서로 같은 기호가 있고, 귀는 소리에 있어, 눈은 색에 있어 서로 같은 감각을 갖고 있다. 그런데 왜 마음의 경우에는 서로 같은 것이 없다고 할 수 있겠는가? 마음에서 서로 같은 것은 도리[理]와 의(義)이다.

삶도 내가 원하는 것이고, 의(義)도 내가 원하는 것이지만, 어느 하나를 선택해야 한다면 삶을 버리고 의를 선택하겠다.

하늘이 내린 것을 천작이라 하고, 사람이 내린 것을 인작이라 한다. 인의와 충신을 행하는 것은 천작을 행하는 것이니, 인작은 이것을 뒤따랐다. 따라서 인작을 위해 천작을 잃어서는 안 된다.

본심을 다하면 사람의 본성을 알게 되고, 본성을 알게 되면 천명을 알게 된다. 따라서 본심을 보존하여 본성을 기르는 것이 천명을 대하는 방법이다.

사람이 배우지 않고도 할 수 있는 것은 양능이고, 생각하지 않고도 아는 것은 양지이다.

양주는 위아를 주장해 자신의 털 하나를 뽑아 천하를 이롭게 한다 해도 하려 하지 않았고, 묵자는 겸애를 주장해 천하에 이롭다면 이마를 갈아 발꿈치에 이르더라도 모두 하려 했다. 그러나 이것은 어느 한쪽에 집착하는 것이니 인의(仁義)의 도를 해치는 것이다.

선비는 자신의 뜻을 고상하게 여기며[상지·尙志], 오직 인의(仁義)를 따를 뿐이다. 인(仁)은 사람의 마음이고, 의(義)는 우리가 가야 할 길이다.

(춘추전국시대의 제자백가 중 '농가' 학파는 임금과 신하 또한 백성들처럼 농사를 함께 경작해야 한다는 주장을 했다. 아래 이야기의 허행과 진상은 이 농가를 대변하고 있다.)

허행, 진상 : 현명한 사람은 백성들과 함께 농사를 짓고 먹으며, 아침과 저녁을 손수 지어 먹으면서 나라를 다스린다.

맹자 : 그대는 손수 농사를 지어 밥을 먹는가?

허행, 진상 : 그렇습니다.

맹자 : 그대는 손수 관을 짭니까?

허행, 진상 : 아닙니다. 곡식과 바꾸어 씁니다.

맹자 : 왜 손수 짜지 않는가?

허행, 진상 : 농사짓는 데 방해되기 때문입니다.

맹자 : 그대는 쟁기와 솥도 손수 만드는가?

허행, 진상 : 아닙니다. 곡식과 바꾸어 씁니다.

맹자 : 왜 모든 것을 직접 손수 만들어 쓰지 않고 귀찮게 교역을 하면서 쓰는가?

허행, 진상 : 장인의 일과 농사를 짓는 일이 다르기 때문입니다.

맹자 : 그럼, 오직 천하를 다스리는 일만큼은 농사지으며 함께 할 수 있는 일이란 뜻인가? 관직을 가진 사람이 할 일이 있고, 농공상인이 할 일이 따로 있는 것이다. 이 때문에 어떤 사람은 마음이 수고롭고, 어떤 사람은 몸이 수고롭다. 앞의 사람은 다른 사람을 다스리고, 뒤의 사람은 다스림을 받는다. 이것이 천하의 보편적인 원칙이다.…… 또 백성들이 배불리 먹고 따뜻하게 입을 수 있게 되면, 금수가 되지 않도록 인륜의 도리를 교육하고 가르쳤다. 오륜이 그것이다. 성인의 걱정이 이와 같은데, 어느 겨를에 농사지을 틈이 있겠는가? …… 같은 모양의 물건일지라도 그 질에 따라 가격이 모두 다른 법인데, 이를 무시하고 가격을 동일하게 만들려는 것은 천하를 어지럽게 하는 것이다. 흐르는 물은 웅덩이를 다 채우지 않으면 더 이상 앞으로 흘러가지 않는다. 군자가 도에 뜻을 두는 것도 이와 같아서 일정한 단계에 이르지 못하면 통달할 수 없다.

인간은 자기중심적 욕망을 지닌 존재지만, 인지적 학습 능력 때문에 올바로 바뀔 수 있다

- 순자 -

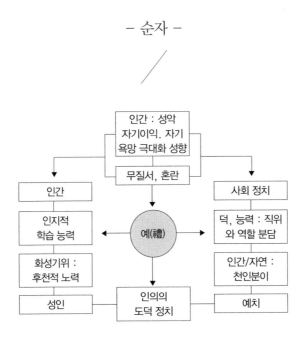

"사람의 본성은 악하니, 나면서부터 이익을 좋아하며, 이를 따르면 분쟁이 생기고 사양함이 없다. 이익을 좋아하고, 얻기를 바라는 것이 인간의 본성이요, 감정이다. 무릇 사람의 본성은 군자나 소인이나 마찬가지이다. 이 때문에 성인은 작위를 통해 본성을 교화했고, 예를 만들어 법도를 제정했다."

"나라에 예의(禮儀, 예칙·禮則)가 없으면 바르게 다스려지지 않으니, 예란 나라를 바르게 다스리는 근본이다. 마치 저울이 가볍고 무거움을 가늠하는 기준이고, 먹줄이 곧고 굽은 것을 가늠하는 기준인 것처럼."

자기중심적 욕망, 인지적 학습 능력, 화성기위, 예

　전국 시대라는 혼란한 시대를 살면서 맹자가 높은 도덕적 이상에 대한 끈을 잡고 고민했다면, 이제 보게 될 순자는 눈에 보이는 현실을 있는 그대로 받아들이면서, 이 현실을 최종적으로 어떻게 하면 도덕과 의로움[인의 · 仁義]이 실현된 세상으로 바꾸어 갈 수 있을지에 대해 고민했다. 두 사람 사이의 이러한 차이는 인간을 이해하는 근본부터 완전히 반대되는 것으로 나타난다. 즉, 맹자가 인간을 성선의 사단에 기초해 주장한 반면, 순자는 다른 사람을 배려하지 않는 자기 욕망의 지배를 받는 이기적 존재라는 사실에 기초해 주장한다.

　신하가 임금을 죽이고, 자식이 부모를 죽이던 전국 시대를 있는 그대로 관찰했던 순자에게 인간이 본래 선하다는 맹자의 주장은 차라리 순진해 보였을 것이다. 이 때문에 순자는 이상적으로는 인의의 도덕 정치를 지향하면서도, 패자(覇者)를 인정하는 매우 현실적인 모습도 보였다.

　그렇지만 순자 또한 우리가 추구해야 할 것이 궁극적으로 인(仁)과 의(義)라고 생각했기 때문에 자기 욕망의 지배를 받는 인간을 가르쳐 교화하면 도덕적으로 바뀔 수 있다는 희망을 품고 있었다. 아무튼 순자는 이러한 이유로 인간의 본성을 악(惡)하다고 보면서도 예(禮)로써 교화하면 인의(仁義)의 도덕을 획득할 수 있다고 보았다.

　순자의 생각을 정리하면 이렇다. 인간은 태어나면서부터 자기 이익 쫓기를 좋아해 자기 욕망 충족을 우선하는데, 이런 감정과 욕망을 따르게 되면 갈등과 분란이 일어나게 된다. 그런데 다행히도 인간에게는 인지적 학습 능력이 있어 배우고 익히면 이런 욕망을 절제하게 되고, 스스로 사회생활에서 자기가 넘어서는 안 될 경계를 깨달을 수 있다. 이때 넘어서는 안 될 욕망의 경계와 기준을 정해 주는 것이 있는데, 그 것이 '예(禮)'이다. 여기서 예란 도덕·법·제도처럼 넓은 의미에서 모든 사회 규범을 일컫는 개념이다.

> 사람의 본성은 악하니, 나면서부터 이익을 좋아해, 이를 따르면 분쟁이 생기고 사양함이 없다. 이익을 좋아하고, 얻기를 바라는 것이 인간의 본성이요, 감정이다. 무릇 사람의 본성은 군자나 소인이나 마찬가지이다. 이 때문에 성인은 작위를 통해 본성을 교화했고, 예를 만들어 법도를 제정했다.

그렇다면 이처럼 올바른 기준인 예는 어디에서 나온 것이고, 누가 정하는 것일까? 이에 대해 순자는 "그것은 성인 같은 위대한 임금이 만들었기 때문에 올바른 것"이라고 주장한다. 즉, 예란 '성인이 만든 성인의 가르침'이라는 뜻이다. 따라서 성인이란 도덕적 인격을 갖춘 인물이고, 그렇기 때문에 그가 제시한 가르침을 충실하게 익히고 따른다면, 본래 타고난 자기 욕망을 쫓으려는 본성도 선하게 바뀔 것이고, 마침내 우리 같은 평범한 사람들도 성인처럼 위대해질 수 있다는 것이 순자의 생각이었다.

순자의 이러한 생각은 꽤 설득력이 있다. 왜냐하면 이제 갓 태어난 어린아이는 어떤 의미에서 하나의 욕구와 충동 덩어리(이)라고 할 수 있기 때문이다. 이 아이는 시간의 흐름과 함께 부모의 보살핌과 가정에서의 교육 덕에 규범과 문화를 익히게 된다. 그리고 이러한 사회화 과정은 인간에게 인지적 학습 능력이 있기 때문에 가능하며, 문화와 규범의 습득이란 인간 본래의 일차원적인 욕구와 본능에 대한 억압을 통해서만 이뤄지기 때문이다. 도덕과 예(禮), 규범이 문화에 대한 학습의 결과라는 점을 감안할 때, 순자의 생각은 매우 설득력을 지닌 관점이라 하겠다.

> 예는 어디에서 생겼는가? 사람은 출생과 함께 욕망이 있는데, 이 때문에 일정한 기준과 한계가 없으면 다툼이 생기고 궁해진다. 이에 옛 왕이 예의를 제정해 나누고 경계를 정해, 서로의 욕망을 절제하게 하고, 충족시켜주었다.

한마디로 성인의 예로써 이기적 본성인 욕망을 바꿀 수 있고, 나아가 성인이 될 수 있다는 것이 순자의 믿음이다. 순자의 이런 믿음을 '화성기위(化性起僞)'라고 표현한다. 위(僞=禮), 즉 의도적인 의지를 갖고 적극적으로 행위를 학습함으로써[기위(起僞)=인위(人爲)] 자신의 이기적인 본성을 선하게 바꾼다[화성·化性]는 뜻이다. 그런데 이 모든 것이 가능하려면 인간이 갖고 있는 인지적 학습 능력이 전제되어야 한다. 따라서 인지적 학습 능력은 순자에게 곧 도덕의 기초가 된다고 할 수 있다. 만약에 인간에게 이러한 능력이 없다면, 이기적인 본성의 교화는 물론, 문화 또는 예(禮)에 대한 학습도 불가능하기 때문이다.

맹자가 인간의 도덕적 마음인 사단에 대해 그것은 태어남과 함께 지니는 것이라 하여 '성선'이라 보았던 반면, 순자는 인간을 '성악'에서 시작해 인위적 노력을 통해 선으로 바뀔 수 있는 존재라 보았다. 즉, 맹자는 인의(仁義)의 도덕을 생득적인 것으로, 순자는 후천적인 학습과 훈련을 통해 획득한 것으로 이해했던 것이다. 그렇더라도 두 사람 모두 우리가 노력하면 도덕적 성인이 될 수 있다고 주장하는 점이나 공자가 강조했던 인(仁)을 중심으로 성인에 의한 정치를 이상으로 추구했다는 사실은 중요한 공통점이라 할 수 있다. 차이가 있다면, 맹자가 인의(仁義)를 더 강조했다면, 순자는 인예(仁禮)를 더 강조했다는 점이다.

> 정치는 어질고 능력 있는 사람은 차례를 기다리지 않고 등용하고, 능력 없는 사람은 지체 없이 파면하며, 악한 사람은 기다릴 것 없이 처벌하고, 일반 백성은 기다릴 것 없이 교화하는 것이다. 격려할 때는 상을 주고, 징계할 때는 형벌을 가한다. 재능과 행동이 나라에 반하는 자는 용서 없이 사형에 처하며, 이것을 하늘의 덕이라 한다. 이것이 왕자의 정치이다.

예, 음악, 예치, 천인분이

순자에게 음악(音樂)이 서로 다른 음들 사이의 조화와 균형을 추구하는 것이라면, 예(禮)란 사람이 갖추고 있는 덕(德)과 능력을 기준으로 서로를 다르게 대우하고 관직을 다르게 배분한다는 의미를 갖고 있다. 따라서 예란 사회적 관계를 운영하는 원리이자 국가를 운영하는 원리이기도 하다. 이를 두고 순자의 정치를 예치(禮治)라고 부른다. 물론, 순자는 구분 짓고 분별하는 예를 보완하기 위해 조화와 균형을 추구하는 음악[악·樂] 또한 중시했다. 이는 공자와 맹자 같은 유가 사상가들에게서 공통적으로 발견되는 점이다. 이들은 모두 음악이 인간의 감정을 정화하고 안정하는 데 큰 도움이 된다고 생각했다.

순자에게 예(禮)가 사라진다는 것은 사회가 무질서와 혼란으로 빠져든다는 뜻이고, 예(禮)가 제 역할을 한다는 것은 저울이 균형을 바로잡고 있는 것처럼 사회에 법도가 바로 서 있다는 의미이다. 이처럼 예를 기준으로 사회·정치를 바라보려 했던 순자는 사람의 잘못으로 초래된 인재(人災)를 재난 중에서도 가장 무서운 재난이라고 꾸짖는다. 순자는 인재란 정치와 법, 제도와 규범이 올바르지 못해, 즉 기준(예의)이 없어 일어난다고 했는데, 오늘날 우리 사회에서 일어나고 있는 수많은 대형 재난들의 대부분이 바로 여기서 비롯되고 있음은 안타까운 현실이다.

위기에 닥쳤을 때 비로소 위기라는 사실을 알아채는 인간의 나태와 타성은 2,200년 전 순자의 전국 시대나 과학기술의 첨단에 있는 오늘날이나 크게 달라진 것이 없다. 아니, 우리는 지금 그때보다 더욱 거대한 재앙의 가능성을 안은 채 생활하고 있다고 보는 것이 더 타당하다. 물론, 그럴수록 순자의 말처럼, 예(禮)에 따라 국가의 운영 원리를 바로잡고 엄격하게 세워 나가는 자세가 필요하다. 피할 수 없는 자연 재해인 천재(天災)도 우리가 어떤 기준[禮]을 마련해 놓고 올바른 절차에 따라 대응하느냐에 따라 그 피해를 최소화할 수 있고, 자연의 힘을 우리의 의도에 맞게 활용할 수도 있다.

순자는 자연이란 일정한 법칙에 따라 운행하는 것이기 때문에 우리 인간이 어떻게 대응하느냐에 따라 인간에게 이익이 되기도 하고, 재난이 되기도 한다고 보았다. 즉, 인간에겐 인간의 몫이 있는데 그것은 질서에 따라 운행하는 자연을 인간의 인지적 능력을 통해 적절히 응용하면 될 뿐이라는 생각이다. 순자의 이런 생각을 천인분이(天人分二, 천인지분 · 天人之分), 즉 인간과 자연은 원래 독립된 관계라는 말로 표현한다.

맹자는 하늘을 인간이 도덕적 존재라는 것을 드러내는 근원적 기준이라고 주장했는데, 순자는 하늘을 단지 자연의 일정한 운행 법칙일 뿐이라고 주장한다. 이 또한 순자의 현실주의적인 모습을 그대로 표현한 것으로 보인다.

하늘의 운행에는 변하지 않는 일정한 법도가 있다. 이것은 요임금 때문에 존재하는 것도 아니고, 걸왕 때문에 없어지는 것도 아니다. 따라서 여기에 다스림으로 호응하면 곧 길하게 되고, 어지러움으로 호응하면 곧 흉하게 된다. 그러므로 올바른 도리에 어긋나지 않으면, 장마와 가뭄도 사람을 굶주릴 수 없고, 추위와 더위도 사람을 병들게 할 수 없다. 그들의 행동 방식이 그렇게 만드는 것이다. 그러므로 하늘과 사람의 구분(천인지분, 天人之分)에 밝으면 곧 그를 지극한 사람(지인, 至人)이라 말할 수 있다.

원문을 음미하면서 깊이 읽기

나라에 예의[예칙 · 禮則]가 없으면 바르게 다스려지지 않으니, 예란 나라를 바르게 다스리는 근본이다. 마치 저울이 가볍고 무거움을 가늠하는 기준이고, 먹줄이 곧고 굽은 것을 가늠하는 기준인 것처럼.

지극한 도는 위대한 형태를 이룬다. 예의를 숭상하고, 법도를 이룩하면 나라의 표준이 있게 된다. 현명한 사람을 숭상하고, 능력 있는 사람을 부리면 백성들이 나아갈 방향을 알게 된다. 여론을 모으고 공정하게 살피면 백성들은 의심하지 않게 된다. 사람들의 직분을 분명히 하고, 하는 일에 질서를 마련하고, 재능과 기술을 따져 능력 있는 사람에게 벼슬을 주면 잘 다스려지지 않을 수 없다. 그렇게 하면 의리가 밝혀지고, 사사로운 일은 없어진다. 사람들의 여러 가지 일은 귀와 눈과 코와 입이 서로 기능을 빌려 줄 수는 없는 것과 같다. 그러므로 직분과 서열이 정해지면 질서가 어지러워지는 일은 없다. 이것이 정치와 교화의 극치이다. 이것이 위대한 형태라는 말이다.

음악의 장단을 맞추면 행렬이 바르게 되고, 앞으로 나아가고 물러나는 행동이 정해질 수 있다. 이에 따르면 나아가서는 적을 정벌하고, 안으로는 사양하는 예를 지킬 수 있다. 그러므로 음악은 천하를 바로잡는 것이고, 알맞게 조화시키는 규범이다. 음악이 정중(正中)하면 백성은 화합하고, 음악이 엄숙하면 백성은 질서를 유지하며, 군대는 강해진다.

일식과 월식, 계절에 맞지 않는 비바람, 하늘에 이상한 별이 나타나는 일은 어느 세상에나 있었다. ... 이것은 천지의 변화이자 음양의 변화로 드물게 나타나는 일이다. 따라서 이상에 여기는 것은 괜찮지만 두려워할 필요는 없다.

하늘에는 계절의 변화가 있고, 땅에는 여러 가지 생산물이 있으며, 사람에게는 이런 것을 다스리는 힘이 있다. 이것을 두고 사람이 하늘과 땅의 변화에 참여하는 것이라 한다.

배워서 행할 수 있고, 노력하면 이룰 수 있는 것을 사람에게 작위(作爲)라고 한다.

한 인간이든, 하나의 사회이든 모든 것은
그것의 이상과 본질을 갖고 있다

– 주희 –

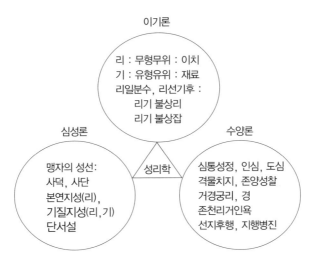

"경(敬)과 성(誠)은 우리가 진실로 힘써야 할 것들이다."

"만약에 도리를 깨달은 후에 비로소 행동으로 옮길 수 있는 것이라 말
한다면, 힘써 실천하는 모든 공부는 아무 소용이 없게 된다."

리 : 이치, 원리, 무형무위, 형이상자

기 : 재료, 물질, 유형유위, 형이하자

초등학교 5학년이 되면 한국사 시간에 성리학은 안향이 고려 말에 우리나라에 들여왔다고 배운다. 그리고 중학생이 되면 '성리학은 성즉리'를 주장하고, '양명학은 심즉리'를 주장하는 학문이라 학습한다. 하지만 가장 근본이 되는 '성즉리'와 '심즉리'가 의미하는 바가 무엇인지를 이해하기 위해서는 고등학교 윤리와 사상 시간을 기다리는 인내가 필요하다. 물론, 고등학생이 되어서도 성리학의 '리기론'를 모두 만족스럽게 이해하고 마치는 것은 아니다. 이제 조선의 학문과 이념의 기준이 되었던 성리학이 무엇인지를 알아볼 차례이다.

생활 속에서 자연 현상을 설명하는 '날씨'를 한자어로는 '기상(氣象)'이라 표기한다. 그런데 기상이란 '대기 중에서 일어나는 물리적인 모든 현상'을 가리키는 말로, 바람·구름·비·눈·더위·추위를 모두 포괄하는 단어이다. 여기서 '물리적인 현상'이 상(象)이라면, 기(氣)란 상황에 따라 바람·구름·비처럼 여러 가지 모습으로 변화하는 운동성을 가리킨다. 하지만 기(氣)는 이처럼 자연 현상을 설명하는 말로 쓰이기도 하지만, '사회적 분위기(氣)', '분위기 있는 사람', '상쾌한 기분', '용기 있는 행동'처럼 사회나 인간의 심리를 설명할 때도 사용된다. 결론적으로 기(氣)란 이렇게 또는 저렇게 특정한 모습으로 바뀔 수 있는 현상, 가능성, 운동성과 관련된 용어라 할 수 있다.

이 때문에 기(氣)는 영어로 표현할 때, Matter(물질, 재료, 질료),

Energy(육체·정신적 활동을 위한 근원적 힘), Vital-Force(생명의 힘) 등으로 옮기기도 한다. 따라서 기(氣)란 구체적이고 개별적인 것, 시공간적인 한계 안에 존재하는 것 또는 형태를 이루고 있는 감각할 수 있는 자연·사회 현상[형이하자·形而下者]을 가리킨다. 또 기는 가변적이고 구체적인 것을 의미하기 때문에 유형(有形), 유위(有爲)라고 부른다.

반면, 리(理)란 원래 옥돌[옥·玉]을 쪼고 갈아서 그 속에 숨어 있는 고운 결(일정한 무늬 또는 질서)을 살려 **빼어난 공예품을 만드는** 일에서 유래한 단어다. 그런데 이렇게 힘든 일은 작업의 순서에 따라야만 하고, 인내를 필요로 하는 일이다. 또 옥돌 속에 숨어 있는 고운 결을 찾아내고 갈아내는 일은 마치 겉으로 볼 때는 잘 드러나지 않았던 결(바탕의 일정한 무늬)을 살려내고, 이것을 살리는 과정이기도 하다. 즉 사물의 마땅한 이치를 찾아내고 따르는 과정이다.

이렇게 보면, 옥돌처럼 모든 사물은 저마다 어떤 결, 즉 이치가 있을 것이고, 그 결에 따라 그것은 다른 사물이 아닌 바로 그 사물이 되는 것이라 할 수 있다. 예들 들어, 어떤 사물이 형태를 이루어 물 위에 떠 있고, 그곳에 사람들이 물건을 싣고 올라타 있다고 가정하자. 우리는 이것을 가리켜 배라고 부르는데, 그 이유는 그것이 사람이나 물건을 태우고(싣고)도 물에 뜰 수 있는 이치를 충족하고 있기 때문이다. 즉, 우리가 배라고 부를 때, 거기에는 배의 이치가 있고, 이 이치를 충족하는 사물이 있는 것이다.

따라서 하나의 사물(예를 들어 배)이 있다면, 그것에는 반드시 그것이 자동차가 아니라 배이게끔 하는 이치[리·理]가 먼저 있어야 한다. 하지만 이치 그 자체는 우리 눈으로 관찰할 수 없고, 단지 원리(Principle) 또는 개념만으로 존재하기 때문에 '형이상자(形而上者)'라고 부른다. 또 형태도 없고, 변화 가능한 운동성도 없기 때문에 무형(無形), 무위(無爲)라고 부른다.

그런데 위에서 예로 든 배의 경우처럼, 하나의 사물인 배가 있으면 그곳에는 반드시 배의 이치가 있기 때문에 기와 리는 서로 떨어질 수 없는 관계[불상리·不相離]이며, 또한 동시에 그럼에도 기와 리는 개념적으로 명확하게 구분되기 때문에 서로 섞일 수 없는 관계[불상잡·不相雜]라는 특성이 있다. 그뿐만 아니라 하나의 사물이 있으면, 그곳에는 반드시 그 사물의 이치가 있음으로 해서 그 사물이 오직 자신만의 특정한 이름을 가질 수 있다. 이 때문에 논리적인 순서로 볼 때, 리가 먼저이고 기는 그다음[리선기후·理先氣後]이라고 할 수 있다. 결론적으로 하나의 사물[기·氣]은 그것의 이치[리·理]를 드러내고 있는 형체라 할 수 있다.

한편, 리와 기는 단순히 눈으로 보이는 사물이나 현상에만 적용되는 개념이 아니다. 성리학자들에게 사물이란 단어는 자연적인 것들은 물론, 인간의 심리 상태, 인간이 만들어 낸 제도나 정치·국가 같은 추상적인 단어들도 모두 포함한다. 따라서 자연적인 사물에 리와 기가 있듯이 제도나 규범, 정치에도 리와 기가 존재한다.

예를 들어, 정치에서 임금과 신하, 공직자와 백성, 정치 그 자체에도 그대로 적용된다. 청렴과 검소를 실천하는 공직자가 있다면, 그 공직자는 공직자로서 이치(리)를 가장 올바르게 실현하고 있는 것이라 할수 있다. 마찬가지로 정치를 하는 사람이 공자가 말했던 정명(正名)을 구현하고 있다면, 이는 정치의 리를 실현하고 있는 것이라 할 수 있다. 이는 부모와 자녀 사이에도 똑같이 적용된다. 부모가 부모의 도리를 다하고[자애 · 慈愛], 자녀가 자녀의 도리를 다하는 것[효 · 孝]은 각각이 서로의 리를 다하고 있는 것이라 할 수 있다.

성즉리, 본연지성, 기질지성

지금까지 리와 기에 대해 알아보았는데, 리의 내용을 좀 더 깊이 음미해 보면, 결국 리란 어떤 사물의 근본 이치 또는 본질 정도로 이해할수 있겠다. 그래서 주희도 "하나의 사물에는 그 사물의 성(性)이 있는데, 이것을 가리켜 그 사물의 리(理)라 한다."고 했던 것이다. 이것이바로 우리가 알고 있는 '성즉리(性卽理)'이다.

그렇다면 모든 사물을 리와 기의 결합으로 해석하는 성리학의 입장에서 볼 때, 인간이라 해서 예외일 수는 없다. 리와 기에 따라 인간을이해하면, 인간은 인간의 리, 즉 이치 · 원리가 있어야 하고, 또한 이것을 드러내는 구체적인 인간, 즉 형태가 있어야 한다. 이것을 설명하는 단어가 본연지성(本然之性)과 기질지성(氣質之性)이다.

주희는 인간의 본성(인성)을 본연지성과 기질지성이라는 두 가지 차원에서 이해했다. 이해하기 쉽게 설명하자면, 본연지성은 더욱 상위의본질이고, 기질지성은 이보다 낮은 본질이라 할 수 있다. 물론, 인간의 본성을 말할 때는 이 두 가지 모두를 언급해야지, 어느 한쪽만을 언급하면 불충분하다. 또 리와 기를 분리할 수 없듯이 이 둘도 서로 별개의 것으로 보아서는 안 된다. 이에 따라 본연지성이 순수한 리(理)로서 사덕(인의예지)이라 한다면, 기질지성은 현실적인 인간으로서 리와 기를 결합해서 말하는 것이다. 즉, 인간 본성의 근거(본체)를 이루는 것은 더욱 상위의 본연지성이고, 구체적이고 현실적인 인간의 모습을 이루는 것은 이보다 하위의 기질지성이다.

이것을 물에 비유해 설명해 보면, 물 그 자체는 본연지성, 즉 리이다. 여기에 설탕이나 소금이 섞이면 설탕물, 소금물이 된다. 그리고 이것을 인간에게 적용하면, 소금과 설탕은 기질이고, 설탕물, 소금물은 기질지성이다. 또 이 기질지성은 인간으로 말하면, 현실적이고 구체적인 한 사람 한 사람이 된다. 각각의 사람들이 서로 다른 기질과 성품을 지니게 되는 이유는 리가 기질 속에 들어와 기질과 만나 각 개인의 기질지성을 이루기 때문이다. 그렇기 때문에 기질지성은 리와 기를 모두 포함하는 개념이다.

그렇더라도 각 개인이 다른 사물이 아닌 '인간'인 까닭은 그를 인간이 되게 하는 이치, 즉 리 때문이다. 또 주희가 "성의 본체는 리일 뿐"이라고 말했을 때, 이는 본연지성을 가리키는 말이고, 동시에 "본연지성이 기질지성의 근거(본체)"라는 의미이기도 하다.

정리하면, 이치(리, 본연지성)가 기질 속에 들어가게 되면 그 기질을 따라 기질지성이 된다. 그렇다면 사람과 사물(짐승 포함)이 모두 같은 이치(리, 사덕)를 본래부터 부여받았는데, 왜 인간과 짐승은 다른 것인가? 이에 대해 주희는 짐승(또는 사물)이 부여받은 사덕은 '중심에서 멀어져 한쪽에 치우쳐[편벽·偏僻] 온전하지 못한' 때문이라고 주장한다. 그래서 그것밖에 되지 못했다는 것이다.

지금 여기에 있는 현실적인 한 사람 한 사람의 기질과 성품, 즉 기질지성에도 여전히 내재적 본질이자 기질지성의 근거인 본연지성은 인간에 내재되어 있다. "본래 동일한 리이지만, 선천적으로 타고난[품부·稟賦] 기에서 서로 다름이 있을 뿐이다. 따라서 맑고 순수한 기질을 부여받으면 사람이 되고, 어둡고 탁하고 치우친 어긋난 기질을 부여받으면 사물이 된다." 이처럼 "사람과 사물이 모두 기를 부여받아 생겨났지만, 사람은 올바르고 두루 통한 기를 받았고, 사물은 치우치고 막힌 기를 부여받은 것이다."

단서, 심통성정, 격물치지, 거경궁리, 존양성찰, 존천리거인욕, 선지후행, 지행병진

이로써 성리학에서 바라보는 인간의 본성이 설명되었다. 본연지성은 인간의 순수한 리(이치)로서 순수하게 선한 성(性, 사덕)인 반면, 기질지성은 현실적인 인간이 지니고 있는 기질, 즉 욕구[욕·欲]와 감정[정·情]의 형태로 나타난다. 좀 더 구체적으로 본연지성과 기질지성의 성(性)을 맹자의 사덕이라 한다면, 사단은 성(性)의 본래적인 측면이 드러난 것으로 도덕 감정이라 할 수 있다. 즉, 우리는 이 사단의 관찰을 통해 성의 본래 모습을 알 수 있는 것이다.

성리학에서는 이것을 '단서(端緒)'라 부르는데, 단서란 '사덕은 이치로서 체(體)이고, 이 사덕의 존재는 표현된 감정인 사단(용, 用)을 통해 파악할 수 있다'는 뜻이다. 그런데 인간의 감정과 욕구는 사단처럼 도덕적으로 표현되기도 하지만, 비도덕적인 모습으로 표현되기도 한다. 이 때문에 우리 몸의 중심을 잡고 있고, 우리 몸을 통제하고 있는 마음[심·心]의 역할이 중요해진다. 주희는 마음의 이와 같은 특성을 가리켜 '심통성정(心統性情)', 즉 마음이 성(性)과 정(情)을 통제한다고 주장한다.

이제 우리 마음[심·心, 지각 능력, 정신 능력]이 어떻게 작용하느냐에 따라 도덕적일 수도 있고 그렇지 않을 수도 있다. 주희는 이를 두고 "마음이 리에 있으면 도심(道心)이고, 욕(欲)에 있으면 인심(人心)"이라고 말한다. 도심이란 도덕적 마음과 감정인 반면, 인심은 욕구나 감정이기 때문에 악(惡)은 아니지만 악으로 흐를 수 있는 위험성이 있다. 즉, 인심은 아직 자기 이익만을 추구하는 사욕(私慾)이 아니기 때문에 그 자체로 악은 아니다. 예를 들어, '마땅히' 먹어야 할 때 먹는다면, 인심이 도심을 따르는 것이기 때문에 도덕적으로 옳은 것이다. 하지만 인심이 예(禮)를 잊고 자기의 욕구대로 멋대로 움직임에도 마음이 통제하지 않는다면, 이는 도덕적으로 그릇된 일이 된다.

우리는 위에서 마음을 어떻게 사용하는 것이 올바른 것인지를 보았다. 또 이로부터 우리의 마음이 항상 도심으로서 리를 추구하면서, 사욕을 멀리하고 없애도록 하면 된다는 결론도 이끌어 낼 수 있다. 성리학에서는 이를 위한 구체적인 실천 방법을 제시하는데, 이것을 '수양론'이라고 부른다. 여기에는 격물치지(格物致知), 존양성찰(存養省察), 거경궁리(居敬窮理), 존천리거인욕(存天理去人欲)이 있다.

먼저, 격물치지에서 '격물'이란 사물[물·物=사·事]에 나아가 그 사물의 이치를 다하여 마침내 이르는 것[격·格=지·至]이다. '치지'란 모든 사물의 이치에 이르기 위해 온 마음을 다해 그 이치를 연구한다는 뜻이다. 그러므로 격물치지란 사물에 나아가 그 이치를 탐구하여 지식을 더욱 확고하게 넓혀 나감으로써 마침내 모든 사물의 이치를 꿰뚫어 통한다[관통·貫通]는 것이다.

따라서 격물치지를 하는 올바른 자세는 먼저 하나를 알면 그 하나를 행동으로 옮기고[선지후행·先知後行], 또 이를 통해서 둘을 알면 그 둘을 반드시 실천함[역행·力行]으로써 온 마음을 다해 극진하게 하여, 앎과 행[지행·知行]을 함께 점진적으로 계속해 나가는 것[지행병진·知行竝進]이다. 그리하여 마침내 모든 사물의 이치에 이르게 되는 것이다. 이를 두고 주희는 "격물하면 치지하게 되는데, 이는 음식을 먹으면 배가 부르는 것과 같다"고 표현했다.

거경궁리에 대해 주희는 사람이 품성을 기르고 닦는 공부, 즉 "함양(涵養)을 할 때는 반드시 경(敬)으로 하고, 사물의 이치를 궁리하는 공부는 치지(致知)의 마음"으로 해야 한다고 강조한다. 이것은 치지와 거경(居敬)을 함께 병행하여 앞으로 나아감으로써 우리가 갖고 태어나는 도덕적 본성을 보존하는 것은 물론, 더욱 밝게 드러내고 견고하게 할 수 있다는 뜻이다. 이 때문에 주희는 "배우는 사람의 공부는 오직 거경과 궁리(치지), 두 가지에 달려 있다"고 강조하면서, 이것은 마치 사람이 왼발과 오른발을 서로 번갈아 밟으면서 앞으로 나갈 수 있는 이치와 같다고 가르쳤다.

그렇다면 주희가 이처럼 강조하는 경(敬)이란 무엇일까? 경이란 마음을 한결같이 하여 다른 헛된 생각이나 개인적인 욕심이 끼어들지 못하게 하며, 우리의 마음과 정신을 맑은 상태로 깨어 있도록 집중하는 것이다. 간단히 말해, 경이란 마음을 오직 한결같이 하나에 집중하는 것[주일무적 · 主一無敵]이라 할 수 있다.

> 배우는 사람이 궁리하지 않으면 도리를 깨달을 수도 없지만, 궁리
> 하면서 경을 유지하지 않으면 또한 도리를 깨달을 수 없다.

동양 사상은 자주 '도덕 철학'이라는 말과 같은 의미로 사용된다. 유학은 특히 동양 사상이 지닌 도덕 철학적 성격을 가장 잘 드러낸다. 왜냐하면 유학의 정신은 먼저 자신의 선험적 도덕성을 보존하고 지극하게 한 다음, 이를 자신이 살고 있는 사회 · 정치 영역으로 확장하여 사회와 정치를 도덕적인 이념에 의해 운영되도록 하고자 하기 때문이다. 이것이 유학을 '도덕주의'라고 평가하게 하는 중요한 이유이다.

유학은 공자의 주장처럼 먼저 '자신의 내적 성찰'이라는 도덕 공부를 강조한다. 자기 성찰과 반성을 통해 스스로를 온전하게 할 때 비로소 다른 사람과 사회를 위해 헌신할 수 있다는 뜻이다. 이것은 유학이 남을 위한 공부, 즉 위인(爲人)의 공부가 아니라 자신을 위한 공부[위기 · 爲己]를 우선한다는 말이다. 신유학인 성리학이 도덕적 수양을 위한

방법으로 존양성찰, 거경궁리, 격물치지, 존천리거인욕을 주장하고, 성(誠)과 경(敬)을 한결같이 강조하는 것도 유학의 정통을 잇고 있기 때문이다.

4년과 5년을 주기로 치르는 우리의 지방자치선거와 국회의원 선거, 대통령 선거를 성리학적 이념에 기초해 이해하게 되면 많은 시사점을 준다. 시의원, 도의원, 국회의원, 심지어 대통령 후보자도 언제나 한결같이 '지역 주민을 위해', '국민을 위해'라는 출마의 변을 늘어놓는다. 하지만 유학의 정신은 바로 이러한 사람들을 가장 경계하라고 가르친다. 자기 스스로 도덕적으로 온전하지 않은 사람, 즉 수신(修身)이 전제되지 않은 사람은 다른 사람을 편하게 할[안인 · 安人] 수 없고, 단지 자신의 정치적 욕심만 있을 뿐이라는 것이 유학의 경고이다.

또 우리는 유학이 개인의 도덕성으로부터 사회의 도덕성으로 확장하는 구조를 통해 유학이 '사회적 관계'를 중시하는 공동체적 요소를 갖고 있음도 추론할 수 있다. 공자의 '인(仁)'이란 두 사람이 서로 신뢰와 친밀함에 기초해 의존하고 있는 것을 형상화한 글자이다. 공자가 '살신성인(殺身成仁)'과 '견득사의(見得思義)'를 강조한 것도 모두 다른 사람과 사회라는 공동체를 염두에 둔 표현이라 할 수 있다.

리(理)는 형이상의 도(道)이고, 만물을 낳는 근본이다. 기(氣)는 형이하의 그릇[기 · 器]이고 만물을 낳는 도구이다. 그러므로 리를 부여받은 후 성(性)이 있고, 기를 부여받은 후 형체가 있는 것이다.

태극은 리(理)이고, 동정(動靜)은 기(氣)이다. 기가 움직일 때 리도 역시 움직인다. 이 둘은 언제나 서로 의지하며 떨어진 적이 없다.

사람과 사물은 본래 동일한 리(理)이지만, 부여받은 기(氣)에 따라 서로 달라진다.

성(性)에는 본연지성과 기질지성이 있다. …… 본연지성이 없다면, 기질지성이 어디에서 나올 수 있겠는가?

인의예지, 사덕은 성(性)이고, 사단은 정(情)이다. 정(情)이 드러나는 것을 통해 성(性)의 본 모습을 알 수 있다.

리는 단지 하나일 뿐이니 그 도리는 같고, 그 분(分)은 다르다. 군신에게는 군신의 리가 있고, 부자간에는 부자의 리가 있다.

성은 마음의 본체이고, 정은 마음의 작용이다.

성(性)은 체(體)이고, 정(情)은 용(用)이다. 그런데 성정(性情)은 모두 마음[심 · 心]에서 나오기 때문에 마음이 성과 정을 거느리고 통제한다.

격(格)은 '~에 이르다[지 · 至]'는 말인데, 이는 사물[물 · 物]에 나아가 그 사물의 이치를 깊이 연구[궁구 · 窮究]하여 마침내 이른다는 말이다.

경(敬)과 성(誠)은 우리가 진실로 힘써야 할 것들이다.

만약에 도리를 깨달은 후에 비로소 행동으로 옮길 수 있는 것이라 말한다면, 힘써 실천하는 모든 공부는 아무 소용이 없게 된다.

배고프면 먹고, 목마르면 마시는 것이 인심이다. 모름지기 당연히 먹어야 할 때 먹고, 당연히 마셔야 할 때 마시면 이른바 도심을 잃지 않는다. …… 인심은 도심을 주인으로 삼아 항상 그 명령을 따라야 한다.

인심은 위태롭고 도심은 미미하다(잘 드러나지 않는다). 그렇다고 단지 도심만이 심이고, 인심은 심이 아니라고 할 수 없다.

배우는 사람이 궁리하지 않으면 도리를 깨달을 수도 없지만, 궁리하면서 경을 유지하지 않으면 또한 도리를 깨달을 수 없다.

마음은 우리가 무엇을 해야 하고, 어떤 사람이어야 하는지를 이미 알고 있다

- 왕수인 -

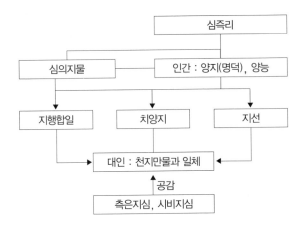

"지(知)가 간절하고 참된 것이 행(行)이고, 행이 밝게 지각되고 정밀하면 지이다. 지행(知行)의 수행은 본래부터 분리될 수 없다. 참된 지는 곧 행이 되는 까닭이고, 행하지 않으면 지라 할 수 없다."

"나의 마음을 벗어나서 사물의 이치를 찾는다면, 사물의 이치란 없다. 마음을 벗어나 사물의 이치[물리·物理]를 구하기 때문에 사리에 어둡고 통달하지 못한 것이다."

심즉리, 격물치지, 치양지

　젊은 시절 성리학에 몰두했던 왕수인은 하나의 사물이 있으면, 반드시 그곳에 그 사물의 이치가 존재한다는 주희의 가르침을 직접 실천해 보기로 마음먹었다. 그는 대나무를 앞에 두고 친구와 함께 대나무의 이치를 파악하기 위해 밤낮으로 빈틈없이 자세하게 살펴보았다. 하지만 대나무로부터 대나무의 이치를 찾지 못하고, 오히려 병만 얻게 되어 주희의 가르침에 크게 실망하고 만다. 왕수인은 격물치지에 대한 문제의식을 지닌 채, 과거 준비에 열중해 20대 후반(28세)에 관직에 올랐다.

　그러나 몇 년 후 정권이 바뀌어 어린 임금(무종 정덕제, 14세)이 즉위하면서 환관들이 정치를 쥐락펴락하는 상황이 되었다. 왕수인은 이를 비판하는 상소를 올렸는데, 이것이 문제가 되어 중국 남쪽 귀주성의 용장이란 곳으로 귀양을 가게 된다. 그곳에서 돌로 쌓은 구덩이에 앉아 밤낮으로 말없이 깊은 생각에 잠겨 있던 중[정좌·靜坐] 마침내 큰 깨달음을 얻는데, 그것은 "성인의 진리란 내 본성, 즉 심즉리(心卽理) 리즉심(理卽心)으로 충분하며, 지난날 이치를 사물에서 찾고자 한 것은 잘못이었다."는 내용이다. 우리가 알고 있는 양명학이 탄생하는 순간이다.

　귀주 용장에서의 깨달음이 있은 이후 왕수인의 가르침은 크게 세 번의 변화를 거치는 것으로 알려져 있다. 하나는 새로운 격물치지(格物致知), 다른 하나는 지행합일(知行合一), 마지막 하나는 치양지(致良知)이다.

어떤 사람들은 여기에 격물치지 대신 정좌(靜坐)를 넣기도 한다.

먼저, 그가 깨달은 심즉리(心卽理), 즉 마음이 모든 도덕 법칙과 판단의 기준이라는 것에 대해 살펴보자. 우리는 이미 성리학이 성즉리를 통해 모든 사물에는 이치(본질)가 있기 때문에 그 사물을 깨닫기 위한 격물치지의 노력이 필요함을 살폈다. 그런데 왕수인은 젊은 시절에 이미 이러한 주장을 시험하기 위해 실행으로 옮겼지만 실패한 경험이 있고, 이후 귀양살이를 하면서 '성즉리'가 아니라 '심즉리'가 옳은 것임을 깨우쳤다.

왕수인은 성리학이 객관적인 사물과 주체인 우리의 마음을 둘로 나누는 문제가 있다고 비판한다. 왜냐하면 내가 어버이날을 맞이해 나의 근원인 부모님을 깊이 생각하고 있다는 것은 이미 '효(孝)'의 이치를 내 마음이 알고 있다는 뜻이고, 정확히 이에 맞추어 어떤 행동이 나오기 마련이기 때문이다.

예를 들어, 마음속에서 우러나오는 선물을 하거나, 안부를 묻는 전화를 드리거나, 아니면 자식 된 도리를 다하지 못한 뉘우침 때문에 눈물이 나오는 것이다. 이렇게 볼 때, 효의 참된 이치가 나의 부모님께 있는 것이 아니라 내 마음이 부모님을 떠올리는 순간, 즉 내 마음이 부모님을 향한 순간 이미 그 마음 안에 있는 것이라 할 수 있다. 그러므로 이치는 마음 밖의 사물에서 찾아서는 안 되며, 오직 나의 마음 안에서 찾아야 한다는 깨달음이다. 이를 가리켜 성즉리가 아니라 '심즉리'라고 하는 것이다.

다음으로 왕수인이 깨우친 '새로운 격물치지'란 무엇인가? 이전의 격물치지는 성리학의 격물치지를 의미하는데, 우리가 보았던 것처럼 성리학에서는 사물에 나아가 그 이치의 궁리를 지행병진하면서 쌓아 나가면 마침내 모든 사물의 이치에 이르게 된다고 해석한다.

그렇지만 왕수인의 새로운 격물치지는 우리 마음이 어떤 대상을 떠올리는 순간, 이미 그 안에 우리가 어떻게 해야 할지(즉 도덕 법칙과 도덕 명령)가 포함되어 있다고 본다. 따라서 원래부터 우리가 갖고 있는 순수한 도덕적인 마음을 다시 회복하여 바로잡기만 하면, 지행병진이라는 후천적인 이론적 학습 과정 없이 바로 도덕적 행동이 이뤄진다는 것이다. 그러므로 격물치지의 '격(格)'은 성리학의 해석처럼 '(궁리를 통해 사물의 이치)에 이르다[지·至]'는 뜻이 아니라, 이미 우리가 태어나면서부터 갖고 있는 '도덕적인 마음'인 '양지'를 다시 찾아 바르게 하면[정·正] 그것으로 된다는 뜻이다. 우리 마음의 양지는 이미 모든 것을 정확히 알고 있기 때문이다.

양지, 천리, 지행합일, 치양지

특히 왕수인은 원래부터 타고난 도덕적인 마음을 설명하기 위해 맹자의 '양지(良知)'를 받아들인다. 맹자의 주장처럼, 양지는 우리 인간이 하늘로부터 부여받은 도덕적 본성이기 때문에 천리(天理)라 할 수 있다. 따라서 우리 마음이 이미 갖고 있는 양지, 다시 말해 '선천적인 도덕적 앎'이 생활 속에서 각각의 사물들에게 다가가 있으면(즉 향해 있으면), 그 사물은 모두 각각의 이치를 얻게 되어 나의 마음과 하나가 된다(만물일체).

예를 들어, 봄 들녘에 피어 있는 여러 종류의 꽃들은 그저 꽃들일 뿐이지만, 내가 작은 꽃 한 송이에게 다가가 "넌 '제비꽃'이야! 그리고 너의 꽃말은 '순수함과 소박함'이야!"라고 했다면, 비로소 나의 마음은 그 꽃과 하나가 되고 의미가 된다. 따라서 아무런 이름이 없던 그 꽃은 나의 마음이 그 꽃에게로 다가감으로써 '순수함, 소박함'의 의미(이치)를 얻게 된다. 즉, 그 꽃의 이치는 그 꽃에 있는 것이 아니라 나의 마음에 있다는 것이다.

이것을 우리의 삶에 적용한다면, 나의 마음에는 천리로서 도덕 법칙(양지)이 이미 갖추어져 있기 때문에 우리(나의) 마음이 생활 속에서 일어날 때, 즉 나의 마음이 어떤 사물을 향해 다가갈 때 이것을 돌이켜 '바로잡으면' 그대로 선이 되는 것이다. 우리 마음의 양지는 이미 도덕적으로 옳은지, 그른지를 알고 있기 때문이다. 따라서 이치는 우리 마음 바깥에 있는 사물들 속에 있는 것이 아니라 우리 마음 안에 이미 있는 것이라 할 수 있다. 우리의 마음이 곧 이치[심즉리 · 心卽理]인 것이다.

한편, 내 마음의 양지가 어떤 대상 또는 사물을 향해 있다는 말에는 이미 그 마음과 일치하는 행동이 함축되어 있다는 말이기도 하다. 이미 맹자는 우리가 깊이 생각하지 않아도 이미 알고 있고, 학습하지 않아도 이미 행동할 능력을 갖고 있다고 하면서 이것을 양지와 양능이라 말한 적이 있다. 왕수인의 양지와 양능 또한 이와 같다.

이를 두고 왕수인은 "지(知)는 행(行)의 시작이고, 행(行)은 지(知)의 완성이다."라고 말한다. 즉, 양지는 행동의 기준이 되고, 행동에는 그대로의 양지가 실려 있다는 뜻이다. 따라서 우리가 오직 바르게 깊이 알고 있다면, 정확히 그에 맞게 행동하리라는 것이 왕수인의 확신이었다. 이것을 가리켜 양명학은 '지행합일'을 추구한다고 말한다.

그렇다면 우리는 왜 알고 있으면서도 정확히 일치하는 행동을 하지 않는 것일까? 이에 대해 왕수인은 그것은 햇빛이 구름에 가려진 것처럼, 우리가 개인적인 욕심에 지배되어 올바르게 깨닫지 못하고, 단지 대충 이해하고 있을 뿐이기 때문이라고 주장한다. 이에 따라 왕수인은 우리가 지와 행의 본래 의미와 가치를 깨우쳐 원래의 올바른 모습을 회복하기 위해 '존천리거인욕'하는 삶을 실천해야 한다고 가르친다. 이것은 우리가 '삶 속에서 천리인 양지를 항상 넓히고 지극하게 해야 한다'는 뜻인데, 이를 가리켜 '치양지(致良知)'라고 한다.

치양지란 내 마음의 양지를 사물에 확충해 가는 과정이다. 이것을 '치지격물'의 과정이라고 하는데, 이것이 앞에서 말했던 '새로운 격물치지'이다. 즉, '내 마음의 양지를 사물에 확충 또는 지극히 하는 것'은 '치지'이고, '내 마음이 가 있는 사물이 그 이치를 얻어 올바로 되는 것'이 '격물'이다. 그러므로 치양지는 지행합일의 심화과정이라 할 수 있다. 이 때문에 왕수인은『대학』에 나오는 '격물(格物)'은 그릇된 마음을 '바로잡아[정·正]' 돌아가게 한다는 뜻이지, 주희처럼 '이른다'는 의미의 지(至)로 해석해서는 안 된다고 주장한다.

즉, 격물치지(格物致知)에서 '물(物)'이란 우리 마음이 역동적으로 움직여 어떤 것을 향해 있는[의·意] 대상[사·事]을 의미한다. 앞에서 말했듯이 내 마음이 부모님을 향해 있는 경우, 내 마음이 꽃을 향해 있는 경우를 생각해 볼 수 있다. 이외에도 내 마음이 정치를 향해 있는 경우도 가능하고, 자연 환경을 향해 있는 경우도 가능하다. 만약에 내 마음이 부모에게 가 있다면, 그 마음을 바로잡으면 되고, 그 꽃에 가 있으면 그 마음을 바로잡으면 되며, 정치에 가 있으면 정치에 가 있는 그 마음을 바로잡으면 된다. 그 마음을 바로잡아 되돌리지 못하면 욕심이 되고 불효가 되며, 부정부패가 되고 독재가 된다.

마찬가지로 자연 환경을 향해 있으면 그 마음을 바로잡아 자연과 하나가 되면 된다. 왕수인은 이것을 가리켜 '대인'은 '만물과 하나[만물일체·萬物一體]가 된다'고 했다. 따라서 격(格)이란 우리 마음이 향해 있는 대상에 대해 그 마음을 바로잡아 올바름을 회복하는 것이다. 결론적으로 마음을 바로잡기[정심·正心] 위해서는 성의(誠意), 즉 마음이 진실로 어떤 대상을 지향하고 있는지가 중요하다. 올바른 성의가 없다면, 올바른 마음도 불가능하기 때문이다. 의를 참되게 하려는 '성의'가 곧 '양지', 즉 선천적인 도덕적 앎을 온전하게 실현하는 가장 확실한 방법인 것이다. 또한 그렇기 때문에 '치지'는 '격물'에 달려 있는 것이다.

한편, 왕수인은 이와 같은 치양지의 방법으로 모든 사물 위에서 힘써 배우고 닦음, 즉 '사상마련(事上磨鍊)'을 주장한다. 사상마련이란 어두운 곳에 말없이 홀로 앉아 수양하는 것이 아니라 모든 일과 모든 현상[사사물물·事事物物]에 직접 나아가 자신의 노력을 극진히 함으로써 양지를 실현하는 것이다. 따라서 사상마련은 불교에서 말하는 정좌로서 선(禪) 수행과도 다른 것이다. 왜냐하면 왕수인은 반드시 일을 해나가면서 자신을 연마해야 비로소 진보할 수 있다고 보았기 때문이다. 그는 움직임을 싫어해 생기 없는 고목이 되는 병폐를 초래하는 소극적인 조용함의 공부[좌선·坐禪]가 아니라 치양지의 적극적이고 역동적인 공부를 강조했다.

> 제자 : 저는 조용할 때는 하고자 하는 생각이 그런대로 들었다가 일을 만나면 곧 달라집니다. 이유가 무엇 때문인지요?
>
> 양명 : 그것은 네가 조용한 마음을 기르는 공부에만 힘쓰고, 이기적인 마음을 이겨 내는 공부에는 힘쓰지 않았기 때문이다. 이 때문에 일에 부딪치면 마음이 사욕에 바로 지배되어 버린다. 사람은 반드시 일을 해나가면서 자신을 연마해야 비로소 올바로 설 수 있고, 마음이 조용하든, 움직이든 안정될 수 있다.

이처럼 내 마음의 근원에서부터 욕심이 일어나지 않도록 하고, 본래의 도덕적인 마음을 간직하게 하는 공부, 즉 존천리(存天理) 거인욕(去人欲)의 공부를 달리 '발본색원(拔本塞源)'의 공부라 부른다. 즉, 나무의 뿌리를 뽑고 물의 근원을 막음으로써 애초에 욕심이 일어 나중에 재앙이 될 수 있는 근원을 미리 막아 예방하는 공부 방법이다.

심의지물, 친민, 만물일체, 대인, 양지, 양능, 지선

왕수인의 한결같은 가르침인 치양지를 네 글자로 '심의지물(心意知物)'이라고도 부른다. 여기서 심(心)이란 우리의 근본 마음이고, 의(意)란 우리 마음이 어떤 사물을 향해 가 있는 상황이며, 지(知)란 어떤 사물에 우리의 마음이 가 있을 때 이미 그 마음이 선인지 악인지를 알고 있는 양지이고, 물(物)이란 선을 위해 악을 제거하고 바로잡은[정·正] 모든 행동을 가리킨다.

더 나아가 마음과 사물을 분리하지 않았던 왕수인의 입장으로부터 우리의 마음이 사물과 하나 되어 공감 또는 소통할 수 있는 가능성을 발견할 수 있다. 이것은 양명학이 성리학에 비해 도덕적 덕성(양지)을 더 중시하는 경향이 있다는 의미로 해석할 수 있는 부분이다. 정인재 교수는 이에 대해 성리학은 성군과 현자를 중심으로 백성을 위로부터 다스리려는 지배 계층의 성격이 강하고, 양명학은 누구나 양지를 통해 자신의 자율적 도덕성을 발휘하여 생활 속에서 실천하게 하려는 성격이 강한 학문이기 때문이라고 설명한다.

이 때문에 성리학은 지배 계층이 백성을 새롭게 바꾸어 이끌고자 하는 교화의 측면이 강한 반면, 양명학은 누구나 갖고 있는 도덕의식인 양지를 일깨워 스스로 건전한 사회의 주체가 되게 하려는 측면이 강하다는 것이다. 성리학에서 백성은 교화를 위한 수동적 대상이지만, 양명학에서 백성은 스스로 도덕 주체가 될 수 있는 자율적 존재라는 점이 부각된다. 성리학과 조선 사회에서 본말사상(사농공상)이 나오게 된 배경에는 성리학의 이러한 학문적 성격이 작용한 때문이라는 것이 정인재 교수의 진단이다. 반면, 양명학은 마음이 곧 이치이기 때문에 각자가 도덕적 자율성을 지닌 존재로 일어설 수 있도록 도와줄 수 있다고 지적한다.

양명학의 이러한 특성은『대학』의 내용, 즉 "대학의 도(道)는 명덕(明德)을 밝히는 명명덕(明明德)에 있으며, 백성을 친민(親民)하여, 지극한 선에서 그친다[지어지선·止於至善]."를 해석하는 데에서 잘 드러난다. 주희는 '친민(親民)'을 '신민(新民)'으로 바꾸어 '(덕을 밝힌 지도자가) 백성을 새롭게 바꾼다'는 의미로 해석하지만, 왕수인은 '친민'을 그대로 사용해 공자의 '수기안인'의 안인을 그대로 따른다. 즉, '친민'이란 글자 그대로 '백성을 친하게 여긴다'는 뜻이다. 이 말은 백성과 가까이 하는 것이 곧 명덕(양지)을 밝히는 것이고, 마침내 '불인지심(不忍之心)'을 통해 천지 만물(자연)과도 하나가 될 수 있다는 뜻이다. 그리하여 궁극적으로 지극한 선[지선·至善]에 머무는 만물일체의 대인이 될 수 있다는 말이다.

또 주희처럼 '친민'을 '신민'으로 해석하여 '백성을 밝게(또는 새롭게) 한다'로 이해하게 되는 이면에는 성리학의 주지주의적인 성향이 반영된 결과로 해석할 수도 있다. 반면, 왕수인처럼 '백성을 친애한다'로 해석하면 양명학의 정의적(情意的) 성격, 즉 감정과 의지를 중요하게 여기는 특성이 잘 드러난 것으로 이해할 수 있다.

왕수인이『대학문』에서 "대인은 천지만물과 하나[일체·一體]가 된 사람이며, (따라서) 새나 짐승 같은 동물, 가지가 꺾인 식물, 심지어 깨진 기왓장에 대해서도 안타까운 마음을 갖는다."고 말한 것은 이를 두고 한 말이다. 또 우리(대인)에게 이것이 가능한 이유는 우리 마음(양지)은 천리로서 도덕 원리이기 때문에 자율적으로 시비를 판단할 수 있고, 심미적 관점에서 좋아하고 미워함을 판단할 수 있기 때문이다. 즉, 양명학은 성리학(심즉리가 아니라 성즉리)과 달리 마음과 본성, 감정을 서로 분리하지 않으며 하나로 통합하여 파악하려 한다. 이 때문에 우리의 양지는 자신의 마음이 향해 있는 모든 대상 존재들과 진정으로 [성의·誠意] 하나가 되려 한다. 이것은 양명학의 지행합일이 성리학의 선지후행과 다르다는 점을 드러내는 것이기도 하다.

한편, 왕수인은 젊은 시절 한때 불교와 노장 사상에 대해서도 관심을 둔 적이 있었지만, 서른 즈음이 되어 잘못을 깨닫고 유학으로 돌아왔다. 그는 불교에 대해서 부모와 자식 사이, 임금과 신하 사이에 번뇌가 두려워 서로 관계를 끊으려 한다고 지적하면서, 이런 모습은 오히려 부자와 군신 등 대상에 집착하기 때문이라고 비판한다. 또 노장 사상에 대해서는 '자연'을 추구하면서도 양생(養生)을 목적으로 허(虛)를 주장한다고 비판한다.

왕수인은 어진 사람[인자(仁者) 또는 대인(大人)]은 천지의 모든 것들을 하나[일체·一體]로 여기기는 하지만, 그렇다고 완전한 절대적 평등을 따르지는 않는다고 주장한다. 왜냐하면 우리가 살아가기 위해서는 불가피하게 다른 존재들의 희생을 필요로 하기 때문이다. 묵자는 겸애(兼愛)의 가르침을 통해 차등이 없는 무차별적인 사랑을 주장했지만, 왕수인은 이에 대해 모든 것에는 그 시작이 있는 법이라고 주장한다. 예를 들어, 처음으로 움이 튼 다음, 싹이 자라고, 점점 성장하여 마침내 한 그루의 나무가 되는 것이 자연스런 이치라고 비유한다. 마찬가지로 부모 형제간의 사랑 또한 나무가 되기 위해 움이 트는 싹의 단계와 같다는 뜻이다.

이를 바탕으로 다른 사람들을 사랑하고, 더 나아가 자연 만물을 사랑할 수 있게 된다. 뿌리와 싹이 없이 모든 것을 무차별적으로 똑같이 동시에 대할 수는 없다는 논리이다. 이처럼 왕수인은 선천적인 시비지심을 점점 확장해 나가는 것이 오히려 자연스럽고 이치에 맞는 것이라 믿고 있었다. 이것이 우리의 양지이다.

왕수인은 우리 인간은 누구나 태어나면서부터 밝은 덕[명덕·明德]인 양지[良知·선천적인 도덕적 앎]를 갖고 있을 뿐만 아니라, 이 밝은 덕을 실천할 수 있는 능력도 함께 지닌다[양능·良能]고 생각했다. 따라서 우리의 마음이 어떤 대상을 향해 있다면, 그곳에는 이미 우리 마음의 양지가 들어 있기 때문에 어떻게 행위 해야 할 것인지도 이미 포함되어 있다고 믿었다. 이것이 지(知)는 행(行)의 시작이고, 행은 지의 완성이란 말의 뜻이다.

그러므로 이 양지와 양능을 지극히 하는 치양지(致良知)를 하면, 마침내 지극한 최고의 선[지선·至善]에 이를 수 있는데, 왕수인은 이러한 최고선에 이른 이상적인 인간을 '대인(大人)'이라 불렀다. 이렇게 볼 때, 대인은 모든 존재하는 것들과 하나(만물일체)가 된 사람이다. 따라서 대인은 생명이 있는 것이든, 생명이 꺾이거나 없는 것이든 상관없이 측은지심과 시비지심에 따라 마음이 이들과 함께 공감하고 소통할 수 있는 사람이다.

지금 우리 사회는 많은 잘못된 관행들로 부정과 부패가 거의 일상화되어 있다. 예를 들어, 장관을 임명하는 청문회에서 부동산 투기와 위장전입, 군 입대 면제와 세금 탈루, 부당한 권한 행사와 논문 표절 등은 대표적인 잘못된 관행들이다. 하지만 왕수인의 주장처럼, 우리 마음이 부동산 투기를 향해[의·意] 있을 때 우리 마음의 선험적 양지는 이미 그것이 욕심이고 잘못된 것이라는 것을 알고 있다. 따라서 이미 알고 있는 양지의 도덕 명령에 따라 그 잘못된 마음을 되돌려 바로잡아[정(正), 격(格)] 양지에 근거해 진실된 행동을 하면 된다. 다시 말해, 우리의 행동에 정확히 양지를 실어 완성하면 된다(지행합일). 이것이 왕수인의 격물치지이며 여기에 양명학의 실천지향적인 성격이 있다. 그뿐만 아니라 양명학의 이와 같은 가르침이 지금 우리 시대의 정언명령이다.

원문을 음미하면서 깊이 읽기

주희의 격물이란 사물에 나아가 그 사물의 리(理)를 구하는 것이다. 이것은 각각의 사물에게서 그 사물의 정해진 리(理)를 구하는 것이기 때문에 자신의 마음을 사용해 개별 사물의 리를 구한다는 뜻이 된다. 즉 마음과 리(理)를 둘로 나누는 것이다. 예컨대 사물에게서 리를 구한다는 말은 부모에게서 효의 리(理, 이치)를 찾는다는 말과 같다. 그렇지만 어떻게 효도의 이치가 내 마음에 있지 않고, 부모라는 사물에게 있다고 할 수 있겠는가? 곤경에 처한 아이를 보고 측은해 하는 마음은 내 마음의 양지에게 있지, 그 아이에게 있는 것이 아니다.

양지란 맹자의 시비지심이며, 사람이면 다 갖고 있는 것이다. 옳고 그름을 가리려는 마음은 생각하지 않아도 알고, 배우지 않아도 잘할 수 있다.

의(意)가 있는 곳에 반드시 어떤 일(사, 事)이 있기 마련이다. 이 의(意)가 있는 곳을 물(物)이라 한다. 격(格)은 바로잡는 것이다. 잘못된 것을 바로잡아 다시 바르게 하는 것이다.

효와 충, 신하의 이치는 내 마음에 있으니, 이것이 심즉리, 즉 마음이 곧 이치라는 말이다. 마음에 사욕이 쌓이지 않는 상태가 곧 천리이다. 여기에 어떤 것도 밖에서 덧붙일 필요가 없다. 단지 이 마음에서 천리를 보존하기 위해 노력한다면, 이것이 곧 옳은 것이다.

지(知)가 간절하고 참된 것이 행(行)이고, 행이 밝게 지각되고 정밀하면 지이다. 지행(知行)의 수행은 본래부터 분리될 수 없다. 참된 지는 곧 행이 되는 까닭이고, 행하지 않으면 지라 할 수 없다.

나의 마음을 벗어나서 사물의 이치를 찾는다면, 사물의 이치란 없다. 사물의 이치는 내 마음을 벗어나지 않는다. 마음을 벗어나 사물의 이치[물리 · 物理]를 구하기 때문에 사리에 어둡고 통달하지 못한 것이다.

마음을 벗어나 물리를 찾으면 지와 행이 나뉘게 된다.

마음의 본체는 양지이고, 마음의 공부는 치양지이다.

양지는 천리의 밝고 슬기로운 지각이다. 그러므로 양지는 곧 천리이다.

격물치지란 내 마음의 양지를 각각의 사물에서 확충하는 것이다.

천지간에 오직 한 가지(즉 양지 또는 마음)만이 있을 뿐이니, 어찌 두 가지가 있겠는가? 이것이 거경도 또한 궁리인 까닭이다(따라서 거경과 궁리는 이름은 다르나 존천리의 공부이며, 하나의 양면에 불과하다).

한 푼의 인욕을 줄이면, 한 푼의 천리가 회복된다. 인욕을 버리고 천리를 구하는 것이바로 수행이다.

공부하는 사람은 이 마음을 구한다. (맹자가 말했던) 방심(放心)을 되찾을 뿐이다.

천하에 마음 바깥에 사물이란 없다.

종교와 정치의 관계, 그리고 신앙인이 걸어야 할 이상적인 삶의 방향을 밝히다

- 지눌 -

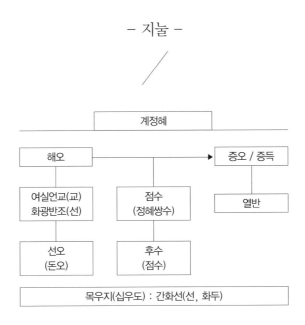

"요즘 승려의 행동은 불교를 공부한다고 하면서도 자신의 이기심을 버리지 못하고 명예와 이익만을 추구하고 있다. 헛된 욕망의 굴레에 사로잡혀 수행은 하지 않은 채 옷과 밥만 축내고 있으니 출가한들 무슨 의미가 있겠는가?"

"얼어붙은 연못이 원래 물이란 것을 알고 있지만, 따뜻한 기운을 받아야 녹을 수 있듯이 보통 사람(범부)의 마음이 원래 참된 불성이라는 것을 깨달았을지라도 불법의 의지해 수행해야 하는 것이다. 얼음이 녹아야 그 물로 논에 물을 댈 수 있듯이 헛된 마음이 사라져야 지혜가 드러나 깨달음에 이를 수 있으니 오직 마음을 수행하는 길밖에 없다."

종교와 정치, 무신정변, 계정혜, 정혜결사

오늘날 '서로의 마음을 서로에게 맡겨 의지한다'는 '결탁(結託)'의 원래 의미는 변질되어 주로 '나쁜 일을 서로 꾸미려고 한통속이 된다'는 뜻으로 사용되고 있다. 그런가 하면, 서로 분리되어 있어야 할 것이 긴밀하게 관계를 맺고 결합한다는 '유착(癒着)' 또한 사회 현상을 설명할 때 주로 부정적인 의미로 쓰인다. 예를 들어, 정치와 종교의 결탁(유착), 권력과 언론의 결탁(유착), 정치와 경제의 결탁(유착) 같은 표현들이 그렇다. 물론, 이런 현상이 나타나는 사회나 시대는 모두 하나같이 본래의 이념이나 정신을 상실하고 있기 때문에 혼란과 퇴행을 거듭하게 되며, 그에 비례하여 개혁이나 변화에 대한 요구는 내부로부터 격렬하게 커지는 상황에 직면한다.

그런데 불교를 국가의 이념으로 채택했던 11~12세기의 고려가 정확히 이러했다. 팔관회나 연등회 같은 국가적 행사에 불교의 역할이 중요해지면서 종교와 정치 사이의 유착은 지속적으로 강화되어 왔다. 마침내 문종(1019-1083)은 "붓다의 가르침은 탐욕과 더러움을 멀리하는 청정(清淨)임에도 불교와 승려가 가축과 경작을 통한 경제적 이익에 몰두해 절에서 더러운 냄새가 풍긴다."고 엄하게 질타하기에 이른다.

한편, 지눌(1158-1210)이 열세 살이던 1170년에 일어난 정중부의 무신정변(1170-1270까지 무인 세력 집권)은 문신과 문벌 귀족들에 대한 숙청으로 이어졌고, 1196년 이후 62년 동안 최 씨에 의한 무인 장기집권으로 정정에 이른다. 이와 같은 정치적 혼란과 격변 속에서 지눌은

1182년 승과에 응시하여 합격한다.

그런데 국가에서 시행하고 공식적인 직위를 부여하는 시험에 승려가 응시하는 분야가 있었다는 점에 주목할 필요가 있다. 왜냐하면 이는 종교와 정치가 그만큼 긴밀하게 유착되어 있었다는 뜻이기 때문이다. 그렇다고 지눌의 이상이 정치에 있었다는 뜻은 전혀 아닐 뿐 아니라, 오히려 그와는 완전히 정반대였다. 지눌은 종교와 정치의 유착 관계를 끊어 종교로서 불교의 순수성을 회복하고자 모든 노력을 다했다.

승과에 합격한 지눌은 동료들과 함께 종교로서 불교를 정치의 간섭과 결탁의 유혹으로부터 벗어나게 함으로써 불교의 타락을 바로잡고, 더 나아가 교종과 선종 사이의 배타적 갈등을 극복하는 등 불교 원래의 근본정신을 회복하기 위해 노력했다. 이러한 그의 노력은 불교를 근본부터 개혁하려는 새로운 신앙 공동체, 즉 '정혜결사' 운동으로 결실을 맺게 된다. 그는 불교의 개혁을 위해 "마땅히 명리(名利)를 버리고 산림에 은둔하여 신앙 결사(結社)를 만들어 항상 정(定)과 혜(慧)를 고르게 함께 닦는 일에 힘쓰자"고 선언한다. 나아가 "붓다의 근본 가르침을 받들고, 스스로 노동하고, 여러 사람이 함께 일하는 등 각자가 맡은 바에 따라 심성(心性)을 기르고, 평생을 자유롭게 지내며, 진인(眞人)의 높은 수행을 좇자"고 다짐한다.

우리는 그의 선언 가운데 "명리를 버리고"에서 당시 불교가 세속의 정치와 경제에 깊이 관여하고 있었음을, 그리고 "산림에 은둔하여"에서 종교를 정치 · 경제라는 유착의 사슬로부터 단절하려는 지눌의 의지를 엿볼 수 있다. 또 "정과 혜를 고르게 함께 닦는"이라는 구절을 통해 불교의 근본 가르침으로 돌아가려는 순수 신앙인의 모습을 발견할 수 있다. 왜냐하면 '계(戒)·정(定)·혜(慧)'는 불교의 3학으로, 깨달음의 열반에 이르기 위해 반드시 따라야 할 수행의 근본 원칙이기 때문이다.

붓다는 규율에 맞는 몸가짐과 행위를 갖추며, 아무리 가벼운 잘못이더라도 이를 보면 두려운 마음으로 경계하는 것을 계(戒), 잘못되고 흐트러진 산란한 마음을 떠나보내고 선(禪)에 머무는 것을 정(定), 그리고 사성제의 진리를 깨우치면 이것을 혜(慧)라고 했다(『잡아함경』). 따라서 열반에 이르는 과정에서 정과 혜는 처음부터 분리될 수 없는 것이었다. 이 때문에 지눌은 우리의 몸과 마음이 '계정혜'로써 깨달음을 향해 점점 수행해 나가야 한다는 '돈오' 후 '점수(漸修)'를 강조했다.

> 엎드려 바라나니, 선(禪)과 교(敎) 또는 유가와 도가를 (불문하고) 세속과 거리를 두려는 사람, 오직 내적 수행에 정진하고자 하는 사람은 이 결사문의 끝에 서명할 수 있도록 허락하노라.

돈오점수, 여실언교, 회광반조, 해오·증오, 선오후수, 정혜쌍수

갈라진 교종·선종의 통합과 타락한 불교의 근본 개혁을 자신의 시대적 과제로 삼았던 지눌은 '정혜결사'를 통해 선종과 교종을 화해시키고 통합하고자 했다. 이를 위해 지눌은 당나라의 고승인 종밀(시호는 정혜)의 영향을 받아 "헛되이 침묵만 하는 멍청한 선(禪, 고요하다)인 치선(癡禪)", 그리고 단지 "문장과 글에 집착하는 미치광이 지혜[광혜·狂慧]"의 극단을 피하고, 선(禪)과 교(敎)를 함께 고루 공부해야 한다고 강조했다.

또한 지눌의 돈오점수는 종밀의 "먼저 단박에 깨닫고 그 뒤에 점점 계속 닦아 나아간다", "햇빛이 단박에 나타나도 서리는 점차 천천히 녹고, 광풍이 단박에 멈추어도 파도는 점차 천천히 고요해진다"와 같은 주장의 영향을 받은 것으로 보고 있다. 지눌은 "선(禪)을 공부하는 사람은 우선 진리에 관하여 '참된 앎을 얻어야[여실지견 · 如實知見]' 하고, 그다음 지적인 이해의 병폐를 제거하기 위해 화두(話頭)를 들어야 한다."고 강조한다. 이 때문에 성리학에서 말하는 '지행병진', '선지후행'의 수양론이 불교의 돈오점수의 수행 방법과 상호 연관성이 있다고 말하기도 한다.

지눌을 이야기할 때 가장 자주 언급하는 '돈오점수(頓悟漸修)'에 대해 지눌 자신은 "깨달음에 들어가려는 사람에게는 두 개의 문이 있는데, 그것은 돈오(頓悟)와 점수(漸修)이며, 이 두 가지가 수행의 시작이자 끝"이라 강조하면서, 이 때문에 돈오와 점수를 통해 비로소 '증득(證得, 바른 지혜로 깨달음을 얻음)'할 수 있다고 주장한다.

다시 강조하지만, 먼저 본래 마음의 본성이 청정하고, 번뇌가 공
(空)하다는 것을 믿고 이해한 다음, 이를 바탕으로 수행하는 것이
올바른 길이다.

이에 대해 길희성 교수는 지눌에게 있어 "돈오는 '선의 시작'이며, 점수는 '선의 과정'이다."라고 말한다. 왜냐하면 지눌이 돈오점수를 설명

하기 위해 '선오후수(先悟後修)', '해오·증오(解悟·證悟)'를 주장하기 때문이다. '선오후수'란 '깨달음 이후 수행(또는 점수)'이란 뜻이고, '해오 증오'란 '지적이고 정신적인 깨달음 이후 점수를 통해 비로소 참된 깨달음'에 이를 수 있다는 의미이다.

지눌은 '선오후수'를 말하기 위해 '여실언교(如實言敎)', 즉 교종이 추구하는 지적 경험인 '문자에 근거한 올바른 가르침'을 받아들인다. 왜냐하면 여실언교를 통해 자기 내면의 마음을 올바르게 돌이켜볼 수 있고[회광반조·廻光返照], 이를 통해 자신의 참 마음을 깨닫는 체험, 즉 돈오(頓悟)를 할 수 있다고 보았기 때문이다. 여실언교를 통해 회광반조하고, 이를 통해 자신의 본래 마음(성품)이 곧 부처의 마음(성품)이라는 것을 깨닫는 돈오가 이루어진다. 그리고 이 '돈오'를 통해 진정한 수행인 '점수'의 단계로 들어갈 수 있다. 그런데 이 점수는 깨달음 이후의 수행이기 때문에 지눌에게 점수란 중생이 중생이 아닌 수행이며, 수행이 수행이 아닌 수행이며, 그렇기 때문에 가볍고 즐거운 역설적인 수행이라 할 수 있다.

선오후수는 본말의 이치이다. …… 깨달음 이후에는 사물들에 관여하는 일이 점점 그치게 되는데, 이것은 마치 갑자기 바람이 그쳐 파도가 점점 가라앉는 이치와 같다. 자기의 몸과 마음을 계정혜를 통해 마치 향이 우리 몸과 마음에 천천히 배이게 함으로써[훈습·薰習] 점점 자유롭게 되고, 나아가 막힘없게 되어 중생을 널리 이롭게 하는 부처가 된다.

이 때문에 지눌은 돈오가 먼저 일어나지 않으면 참된 점수는 불가능하다고 보았다. 그는 "어떻게 깨달음[오·悟]이 철저하지 못한데, 수(修)가 올바를 수 있겠는가?"라고 반문하면서 "돈오가 없는 점수는 뿌리를 뽑지 않은 채 풀이 자라지 못하도록 돌을 올려놓은 것과 같다"고 비판한다. 또 올바른 점수가 되기 위해서는 '계정혜'에서 이미 강조하고 있는 것처럼 '정'과 '혜'를 아울러 함께 고루 닦아야 한다[정혜쌍수·定慧雙修]고 주장한다.

그런데 지눌은 해오(解悟)라는 돈오(頓悟)로서 불완전한 깨달음을 얻기 위해서는 '여실언교'에 의지해 '회광반조'의 과정이 필요하다고 가르쳤다. 지눌이 마음의 근본 바탕[자성·自性]을 통찰하기 위해 '여실언교'라는 지적인 안내와 도움을 인정하고 있다는 점은 그의 사상에서 매우 중요한 의미를 지닌다. 왜냐하면 지눌의 종교적 과제가 통합과 화해에 있었고, 구체적으로는 선종과 교종의 화해였기 때문이다. 지눌은 교종의 가르침이 선(禪) 수행에 도움이 될 뿐만 아니라 궁극적인 관점에서 볼 때 교종 또한 선종과 마찬가지로 붓다의 진리를 포함하고 있다고 보았다.

또 지눌은 교(敎)와 선(禪)이 모두 붓다의 근본 가르침과 다르지 않다면, 갈등과 반목 또한 일어날 이유가 없다고 생각했다. 그의 이러한 문제의식은 "붓다가 입을 통해 가르친 것을 교(敎)라 하고, 조사(祖師, 종파를 처음 만들어 펼친 사람)들이 마음으로 전한 것을 선(禪)이라 한다. 따라서 붓다와 조사의 마음과 입은 결코 서로 위배되지 않는다. 그럼에도 어찌하여 그 근원을 깊이 생각하지 않고 자기들이 익숙한 것에만 안

주하여 쓸데없이 논쟁하면서 시간을 허비하는가?"라는 탄식에서도 잘 드러난다. 그의 이와 같은 문제의식에 대한 최종적인 결실이 바로 위의 '돈오점수'와 '정혜쌍수'였던 것이다.

> 요즘 고승들의 전기를 읽는 이들은 진리[법·法]를 깨우치는데 수반되는 기이한 일들을 보고 말하기를, 견성(見性)하는 순간 바로 신통한 지혜와 언변이 생긴다고 말한다. 그러므로 이것이 부족한 사람들을 보고 가짜라고 말하며, 이들을 신뢰하지 않는 경향이 있다. 하지만 이것은 깨달음 이후에도 중생의 미혹(迷惑)함을 분별하는 지혜와 보살의 더없는 수행이 점차 이루어진 결과라는 점을 모르기 때문에 그렇다.

길희성 교수는 지금까지 지눌의 선(禪) 이론, 즉 여실언교, 돈오점수, 정혜쌍수는 오랜 수행의 과정이 필요 없는 최상의 근기(根機, 붓다의 가르침을 깨우칠 능력)를 지닌 사람을 위한 것이 아니라 일반인들을 위한 것이라 평가한다. 그런 다음, 지눌은 문자와 언어를 떠나 선(禪)에서 요구하는 절대적 자유를 체득하는 지름길을 제시하고 있는데, 그것이 간화선(看話禪, 송나라 대혜선사의 수행법)이다.

간화선, 참구, 증오, 화두

확실히 지눌에게 선(禪)이란 교(敎)에 근거하고, 그것은 '여실언교'였다. 그는 이것을 가지고 붓다의 진리에 대한 이해가 없는 상태에서 이루어지는 '멍청하게 침묵만 하는 맹목적이고 어리석은 선(禪)', 즉 치선(癡禪)의 문제를 날카롭게 비판했다. 이처럼 그는 수행을 위한 지적인 기반을 주장하여 교종의 사람들까지 아우르고자 했다. 하지만 지눌은 돈오점수의 과정을 거치지 않고 바로 올바른 지혜로 깨달음을 얻는 '증오(證悟)'의 경지에 들어설 수 있는 지름길을 열어 놓았다. 이것은 '화두(話頭)'를 잡고 참선하며 진리를 탐구한다는 뜻의 '참구(參究)'를 함으로써 열리는 경지인데, 이것을 '간화선'이라 한다.

간화선의 길은 여실언교를 통해 마음을 반조하고 깨우치는 한계를 완전히 넘어선 '파격적인 길'이다. 이 길은 처음부터 말과 의미(뜻)를 차단해 버리고, 언어나 분별을 일체 허용하지 않는 상태에서 '무의미한 화두'를 붙잡고 참구하는 길이다. 따라서 간화선의 길은 돈오점수와 선호후수의 과정을 거치지 않고 오직 화두만 붙잡고 참구하여 곧바로 증오에 이르는 길이다.

학인 스님 : 조사(달마)가 서쪽에서 온 뜻이 무엇입니까?
조주 스님 : 뜰 앞에 잣나무니라.

이처럼 간화선이란 언어 · 문자 · 논리 · 분별지를 전혀 허용하지 않지만, "재미도 없고, 붙잡을 수도 없는 화두를 참구하여 홀연히 단박에 깨치면 일심(一心)의 법계(法界, 사물의 있는 그대로의 모습이라는 뜻으로 우주 만물의 본체인 평등하고 차별이 없는 절대의 진리)가 환하게 밝아져" 증오에 이른다는 수행 방법이다.

그런데 지눌의 간화선은 앞에서 살폈던 돈오점수를 명확하게 부정하고 있다. 왜냐하면 화두를 통해 여실언교가 설 자리를 내주지 않기 때문이다. 어찌 보면 '불립문자'를 추구하는 선종에 통달한 '선사'로서는 당연한 모습일 수 있지만, 여전히 교종의 관점에서 보면 '말도 안 되는' 파격적인 '언어도단(言語道斷, 언어의 길이 끊겼다는 뜻으로 참된 깨달음에 이름을 의미함)'의 선(禪)의 세계를 보여 주고 있는 것으로 보인다. 지눌 또한 이러한 문제를 인식하고 있었기 때문에 언어와 문자가 참된 깨달음을 얻기 위한 방편임을 강조하곤 했다.

목우자, 십우도, 견성성불

지눌은 스스로를 '목우자(牧牛子)'라고 즐겨 불렀다고 한다. 하지만 '소를 치는 사람'이라는 뜻의 목우자는 더욱 깊은 의미를 내포하고 있다. 그것은 송나라 때 곽암이 그린 선(禪) 또는 견성(見性)과 관련된 그림, 즉 십우도(十牛圖)와 연결되기 때문인데, 십우도는 '간화선'을 표현한다는 평가를 받고 있다.

아래 그림에서 검은 소는 우리 자신이 본래는 부처의 청정한 본성을 지니고 있지만, 탐진치에 구속되어 붓다인 줄 모르고 사는 모습을 표현한다. 하지만 '우리 자신이 곧 붓다'라는 사실을 단박에 깨우치면 무명의 어리석음과 애욕의 집착이 사라져 맑고 밝은 모습을 회복하는데, 이것을 상징하는 것이 흰 소이다[견성성불·見性成佛]. 그 다음 그림은 깨우쳤기 때문에 '소'라는 도구에 더 이상 집착하면 안 됨을 나타낸다. 따라서 소, 고삐, 사람, 모든 것을 잊은 깨달음의 경지를 표현하고 있다.

이 경지에 이르면 있는 그대로의 자연 본래의 모습이 드러난다. 선종은 대승 불교이다. 따라서 혼자만의 열반은 참된 깨달음의 의미가 될 수 없다. 이 때문에 세속의 중생을 제도하는 데 헌신하는 모습으로 돌아오는 것은 당연하다. 이것이 스스로를 '목우자'라 했던 지눌의 뜻이었다.

참된 신앙인으로서 지눌의 삶은 오늘날 우리에게 여러 측면에서 깊은 가르침을 준다. 그 무엇보다 큰 가르침은 종교와 정치가 결탁하게 되면 반드시 타락하고 부패하게 된다는 사실이다. 따라서 지눌로부터 종교는 현실 정치·경제와 일정한 거리를 두고 인간의 신앙에 대한 순수한 기대에 응답해야 한다는 가르침을 (지눌로부터) 얻을 수 있다.

다음으로 모든 잘못과 오류의 근원이 밖에 있는 것이 아니라 자기 마음의 그릇됨에서 일어난다는 점을 깨달아, 자기 마음의 내적 본성을 살펴 단박에 깨우치고 지속적으로 잘못된 망념과 허상을 덜어 내는 정진을 해야 한다는 가르침이다. 한편, 이와 같은 깨달음은 자기 혼자만을 위해서가 아니라 다른 사람과 사회를 위해 사용하여 모두가 함께 깨달음을 얻도록 보살행을 실천해야 한다는 가르침이다.

마지막으로, 그의 조화와 통합의 정신이다. 붓다의 근원적 가르침에서 보면, 선종이든 교종이든 어떤 종파이든 그 하나의 근원으로 포섭될 수밖에 없는 것이 당연한 이치이다. 왜냐하면 각각의 종파는 하나의 근원에 대한 다양한 관점들이기 때문이다. 따라서 근원적 보편성에 입각하여 갈등과 대립이 아니라 화합과 관용이라는 통합의 길로 나가야 한다는 것이 지눌의 가르침이다.

원문을 음미하면서 깊이 읽기

정과 혜는 삼학의 일부이니 모두 합하여 '계정혜'이다. '계'란 나쁘고 그릇된 것을 금한다는 것이고, '정'이란 이치(理)에 따라 우리의 산란한 욕망을 제어한다는 것이며, '혜'란 법(法)을 통해 공(空)을 직관[관 · 觀]하여 마음에 어리석음이 없는 것이다.

수행과 성품은 마치 새의 두 날개와 같아 어느 하나를 없앨 수는 없다(수행을 통해 성품이 드러나고, 수행은 본성에 대한 자각을 근거로 하기 때문이다).

교(敎)를 공부하는 사람은 이것저것 가리는 분별지에 사로잡혀 견성성불(見性成佛)의 깨달음을 모르고, 선가(禪家)는 밀의상전(密義相傳)이라 하여 잘못하면 멍청하게 헛수고나 하면서 졸거나 실심(失心)하는 폐해가 있다.

수행의 정도에 따라 그 명칭이 조금씩 다르다. 밝게 깨달았을 때에는 리(理)와 지(知)라 하고, 마음을 드러내 닦을 때는 지(止)와 관(觀)이라 하며, 자유로이 수행이 이루어지는 때는 정(定)과 혜(慧)라 하고, 번뇌가 모두 소멸하여 성불(成佛)한 때를 열반이라 한다. 마음이 일어날 때부터 마지막까지 오직 적(寂)과 지(知)뿐이다.

보통의 평범한 사람[범부 · 凡夫]은 갑자기 자신의 본성[자성 · 自性]이 본래 공하고, 고요하여[공적 · 空寂] 부처와 같음을 깨달았어도, 오랜 (윤회의) 습관이 갑자기 제거되는 것은 아니다. 이 때문에 순조롭거나 어려움에 처하게 되면 기쁨과 성냄, 옳고 그름을 가리는 마음이 불길처럼 일어나기도 하고, 사라지기도 하여 깨달음 이전과 같아지기도 한다. 따라서 지혜와 노력을 기울이지 않는다면, 어떻게 평정과 휴식의 경지에 이를 수 있겠는가?

간화선의 경절문(지름길), 즉 선종의 교외별전인 바로 질러 들어가는 문은 파격적인 것이어서 교학자들은 물론, 선종에서도 근기가 낮은 사람들은 아득해서 알지 못한다.

순수하게 도덕적인 인간이 만드는 순수하게 도덕적인 이상 사회를 꿈꾸다

– 이황 –

"진실로 경(敬)으로써 일관되게 하지 않으면 성(性)을 보존하여 체(體)를 확립할 수 없다. 군자의 공부는 이 마음이 드러나지 않았을 때는 경(敬)을 주로 하여 존양(存養)하고, 이 마음이 이미 드러났을 때는 경(敬)을 주로 하여 성찰(省察)하면 된다. 거경(居敬)과 궁리(窮理)는 새의 두 날개와 같고, 수레의 두 바퀴와 같다."

"사단은 리(理)가 드러날 때 기(氣)가 따르는 것이고, 칠정은 기가 드러날 때 리가 기를 타는 것이다. 앞의 것은 리를 주로 말했을 뿐, 기 바깥에 따로 있는 리를 말한 것이 아닌데, 이것이 바로 사단(四端)이다."

사단칠정, 도덕적 순수성, 리존, 리귀기천

이제 우리의 조선시대 성리학을 이황(1501~1570)부터 살펴보기로 하자. 이황은 조선시대 성리학자들 중에서 가장 많이 들어 왔던 인물이지만, 사실은 잘 모르고 있는 대표적인 인물이기도 하다. 그렇다면 이황의 생각은 무엇일까? 그리고 그의 생각이 지금 우리에게도 여전히 유효할까?

결론부터 말한다면, 만약에 우리가 자기 스스로에게, 그리고 다른 사람들에게, 나아가 우리가 살고 있는 사회가 더욱 도덕적으로 건강한 사회이기를 진심으로 바란다면, 이황의 생각은 여전히 유효할 뿐만 아니라 지금 우리가 절실히 요청해야 할 가르침이다. 왜냐하면 이황의 생각 바탕에는 도덕적인 개인들이 운영하는 도덕적인 사회에 대한 열망으로 가득하기 때문이다. 이 때문에 오늘날처럼 사회가 가벼워지고, 자신의 삶을 돌아보는 시간이 줄어들수록 이황의 생각과 가르침은 우리가 더욱 요청해야 할 가르침이다.

이황의 이러한 생각을 여실히 드러내고 있는 주제는 이른바, '사단칠정 논쟁'이다. 맹자에게 사단은 '도덕적인 마음(즉 측은지심, 사양지심, 수오지심, 시비지심)' 또는 도덕적인 감정이며, 또한 우리 인간의 본성이 도덕적이라는 것을 상징하는 것이기도 했다. 그런데 이때 마음이란 우물에 빠질지도 모르는 위험한 상황에 놓인 어린아이를 보는 순간 일어나기 때문에 우리의 본래적인 감정[정·情] 상태를 표현하고 있는 것이기도 하다. 이렇게 보면, 이황 같은 성리학자에게 사단이란, 인간의 선천적인 도덕 '감정'이 상황에 직면해 곧바로 표현되는 것이라 할 수 있다.

  그렇다면 인간에게는 사단의 도덕 감정만이 있고, 다른 감정이란 존재하지 않는 것일까? 이에 대해 『중용』에는 기쁨, 성냄, 슬픔, 즐거움[희노애락 · 喜怒哀樂]의 네 가지 감정이 나오고, 『예기』에는 기쁨, 분노, 슬픔, 두려움, 사랑, 미움, 욕구[희노애구애오욕 · 喜怒哀懼愛惡欲]의 일곱 가지 감정이 나오는데, 이러한 감정은 우리가 '배우지 않고도 할 수 있는 감정'이라고 말한다. 즉, 이러한 '칠정(七情)'이란 '인간이 본래부터 갖고 있는 모든 감정'이라는 뜻이다.

  그런데 이 감정들이 처음 등장했던 책들은 서로 다르지만, 사단이 선천적인 도덕 '감정'이고, 칠정 또한 인간이 타고나는 모든 자연적인 '감정'이라고 한다면, 이 둘은 어떤 관계여야 하는가? 이에 대한 서로 엇갈린 해석이 빚어낸 결과가 '사단칠정 논쟁'이다. 사단칠정 논쟁은 우리로 하여금 어떤 행동을 하게 하는 주체가 되는 마음[심 · 心]의 감정[정 · 情], 즉 사단과 칠정을 리와 기의 관점에서 어떻게 이해하는 것이 타당한가에 대한 논쟁이라 할 수 있다.

  논쟁의 전개 과정은 이렇다. 정지운이 자신의 『천명도설』을 이황에게 보이자 이황이 이것을 수정해 주었다. 즉 이황은 "사단은 리에서 생겨나고, 칠정은 기에서 생겨난다(정지운)"는 명제를 "사단은 리가 드러난 것이고, 칠정은 기가 드러난 것이다(이황)"라고 수정한 것이다. 언뜻 보면, 단지 '~에서'가 '~가'로 바뀐 차이밖에 없는 것처럼 보인다. 하지만 '사단은 리에서 생겨난다'와 '사단은 리가 드러난 것이다' 사이에는 의미와 어감에서 중요한 차이가 있다. 왜냐하면 앞의 문장에서 '리'는 고정적이고 정적인 의미를 지니지만, 뒤의 문장에서 '리'는 한층 적극적이고 동적인 의미를 드러내는 표현이기 때문이다.

성리학의 근본 개념에서 리는 '원리·기준·근거·까닭·이치'와 같은 의미이기 때문에 무형무위의 것인 반면, 기는 '재료·에너지'와 같은 의미로 유형유위의 것이다. 그렇기 때문에 무형무위의 '리가 드러난 것'이라는 주장은 보기에 따라 낯설고 모순된 주장처럼 보이는 것이 사실이다. 그렇다고 이황 같은 대학자가 성리학의 근본 개념조차 몰랐다고 말한다면, 이것은 더욱 이상한 주장이 될 것이다.

이황의 의도를 이해하기 위해 다음의 경우를 생각해 보자. 여기 두 사람이 있다. 한 사람은 행동을 할 때, 자기 행동의 이유나 근거를 언제나 오직 사덕에 두고 사단의 행동을 한다. 반면, 다른 한 사람은 자기 행동의 근거를 욕구에 두고 칠정의 행동을 한다. 이 경우, 앞사람의 행동은 그 자체로 선하다고 할 수 있지만, 뒷사람의 행동은 어떤 욕구를 따르느냐에 따라 선이 될 수도 있고, 악이 될 수도 있다. 예를 들어, 뒷사람이 똑같은 '즐거움'의 감정을 표현했다고 할지라도, 친구의 잘못에 고소함을 느끼기 위해 '웃는' 것과 친구의 성취를 함께 기뻐해 주기 위해 '웃는' 것은 서로 다른 도덕 판단을 낳는다. 이처럼 칠정에 의한 행동(즉, 뒷사람)은 상황에 따라 선이 될 수도 있지만, 악이 될 수도 있는 측면이 있다.

성리학은 우리에게 인간이라면 마땅히 도덕 감정인 사단을 따라 하늘의 뜻과 하나가 되는 행동을 해야 한다고 가르친다. 또한 이것은 인간의 이치[리·理]와도 부합한다. 그런데 문제는 칠정이다. 칠정 또한 인간에게 내재하는 근본 감정이라면, 이에 대한 성리학적 설명이 필요하다. 이에 대해 이황은 칠정은 위에서 말한 것처럼 선이 될 수도, 악이 될 수도 있기 때문에 그 도덕적 순수성을 비교할 때, 사단에 미치지 못한다고 생각했다.

이황은 이러한 판단에 기초해 사단과 칠정 또한 성리학적 입장, 즉 모든 사물을 리와 기로 환원해서 설명하고자 했다. 이에 따라 사단을 리에, 그리고 칠정을 기에 대입할 수 있다는 생각에 이르게 된다. 물론, 그 배경에는 사단은 순수한 도덕 감정이고, 칠정은 선악이 가능한 감정이라는 인식이 깔려 있다. 즉, 리는 본래 순수한 절대선 그 자체이지만, 기는 맑고 탁한[청탁·淸濁] 정도가 있어 순수하게 드러날 때도 있고, 그렇지 않을 때도 있다는 뜻이다. 우리는 이에 대해 이미 주희의 성리학에서 인간의 성(性)을 리로서의 본연지성과 리와 기를 포함한 것으로서의 기질지성에 대해 살핀바 있다.

이황은 여기서 한 걸음 더 나아가 성리학적 인간상에 한층 더 부합하도록 '사단은 리가 드러난 것이고, 칠정은 기가 드러난 것'이라고 해석하기에 이른다. 이황이 판단하기에 사단에는 악의 원인이 되는 요소가 없지만, 칠정에는 악이 될 수 있는 가능성이 있다. 그렇기 때문에 그 도덕적 순수성을 기준으로 한다면, 사단은 순수한 도덕 감정이기 때문에 리와 관련지을 수 있고, 칠정은 그것에 미치지 못하기 때문에 기와 연관 지어 생각할 수 있다고 본 것이다.

이렇게 보면, 확실히 이황은 기보다는 리를 더욱 중시하는 '주리론

(主理論)'적 입장에 서 있다고 할 수 있다. 이를 뒷받침하듯이 이황은 리를 주인과 장수에 비유한 반면, 기를 손님과 졸병에 비유해 주장하기도 했는데, 이를 가리켜 '리귀기천(理貴氣賤)'이라고 부른다.

리기호발설, 불상잡, 경, 정제엄숙, 주일무적, 상성성

이황이 이렇게 리에 더 집중했던 배경에 대해 연구자들은 이황이 살았던 시대 상황을 언급한다. 당시는 사화와 당쟁이 끊이지 않았던 시기인데, 역설적이게도 조선은 성리학을 국가의 이념으로 성립한 나라였다. 따라서 도덕적으로 이상적인 인간, 이상적인 사회를 추구하고자 했던 조선의 건국이념은 어떻게 해석하든지 사화나 당쟁과는 결합되지 않는 것이었다.

더욱이 조선 시대에 일어났던 사림과 훈구 세력 사이의 대립이었던 사화, 즉 무오사화(이황 출생 3년 전), 갑자사화(이황 4세), 기묘사화(이황 19세), 을사사화(이황 45세)가 모두 이황이 태어나기 직전 또는 그가 활동하던 시기에 일어났었다는 점을 떠올릴 필요가 있다. 이것은 해석하기에 따라 조선이라는 나라가 근본부터 흔들리고 있었다는 의미가 된다.

이와 같은 조선 사회(연산군 · 중종 · 인종 · 명종 · 선조)에서 이황은 다시 근본으로 돌아가 성리학적 이념에 충실한 조선, 성리학적 이념에 충실한 인간을 꿈꾸었다. 그리고 그 고민의 결과가 지금까지 말해 왔던 '사단은 리가 드러난 것이고, 칠정은 기가 드러난 것'이라는 주장이다. 이것을 가리켜 리발과 기발을 함께 주장했다는 뜻에서 '리기호발설(理氣互發說)'이라고 부른다.

이황의 리기호발설을 달리 표현하면, 사단과 칠정은 그것이 시작된 기원을 쫓아가면 서로 다르다는 뜻이기도 하다. 왜냐하면 사단은 순수 절대 선의 이념인 인의예지의 성(性, 즉 리 · 理)이 드러난 것이고, 칠정은 우리의 육체가 외부 사물과 접촉해 드러난 감정, 즉 기가 드러난 것이기 때문이다.

이 점에서 이황은 사단과 칠정이 리기의 관점에서 볼 때, '서로 섞일 수 없어[불상잡 · 不相雜]' 구분되고 다르다는 입장에 기울어 있다. 이렇게 볼 때, 리기호발설에는 그가 추구했던 도덕적인 인간과 도덕적인 국가로서 조선이라는 성리학적 이상이 표현되어 있다고 하겠다. 그의 이러한 논리 구조에는 리를 우리 인간이 추구해야 할 궁극적인 이념이자 절대적이고 보편적인 당위의 도덕규범으로 여겼던 그의 뜻이 깊이 새겨져 있다.

이제 남은 문제는 성즉리, 즉 보편적 도덕규범인 사덕을 생활 속에서 어떻게 사단으로 드러내느냐 하는 실천적 삶의 모습이다. 이에 대해 이황은 경(敬)을 전면에 내세운다. 이황은 사덕을 사단으로 이끌기 위해서는 다음과 같은 수양과 노력이 필요하다고 보았다. 즉, 우리의 삶이 생활 속에서 경(敬)의 자세로 마음을 한곳에 집중하고[주일무적 · 主一無適], 몸가짐을 엄숙히 하며[정제엄숙 · 整齊嚴肅], 경(敬)의 자세로 늘 깨어 있는 성찰적인 삶[상성성 · 常惺惺]이어야 한다는 것이다.

우리는 지금까지의 내용을 토대로, 이황이 공자의 '수기치인(修己治

人’에서 ‘치인’에 우선하여 ‘수기’에 더 관심을 두었으리라 미루어 짐작할 수 있다. 자기 내면의 도덕적 수양과 성숙이 전제되지 않는 치인이란 불가능한 것일 수밖에 없다는 깨우침을 이미 당시 조선 사회가 너무나 명확하게 보여 주고 있었기 때문이다. 이 때문에 이황은 우리의 마음과 인격이 경(敬)의 통제를 받도록 해야 한다고 생각하게 되었다.

일반적으로 경이란 마치 ‘두려워해야 할 대상이 있는 것처럼 무서워함’, ‘정신을 집중하여 마음이 다른 곳으로 달아나지 않게 항상 깨어 있음’, ‘몸가짐을 단정히 하고 마음가짐을 엄숙히 함’을 의미한다. 이황이 10대의 어린 선조에게 바친 『성학10도』의 “제8도 심학도”와 “제9도 경재잠도”, 그리고 “제10도 숙흥야매잠도”에는 경에 관한 자신의 입장이 구체적으로 표현되어 있다.

“심학도”는 우리의 몸을 주재하는 것은 마음이지만, 이 마음은 항상 경이 주재하도록 해야 한다는 내용이다. 또 “경재잠도”에서는 두 가지 일이라고 해서 마음을 두 가지로 쓰지 말고, 오직 마음을 하나에 집중[주일 · 主一]하여 다른 곳에 신경 쓰지 말라고 가르친다[무적 · 無適]. 그리고 “숙흥야매잠도”에서는 일찍 잠에서 깨어나[숙흥 · 夙興] 지난 일을 반성하고, 낮부터 잠자리에 들 때까지[야매 · 夜寐] 정신과 기운을 가다듬는 것[잠 · 箴]은 물론, 삶 자체가 ‘공경하고 두려워하는’ 경외(敬畏)의 삶이어야 한다고 가르친다.

오늘날 우리는 삶의 모든 영역이 돈에 의해 지배받고 거래되는 시장 근본주의 체제에서 생활하고 있다. 신자유주의, 금융독점자본주의는 이런 현상에 대한 다른 표현일 뿐이며, 그 결과 우리는 일차원적인 사회, 즉 개인의 소비 능력을 개인의 인격 · 정체성 · 지위와 동일시하는 구조에 예속되어 있다.

다른 한편, 우리는 생명과 자연, 인간의 몸까지 과학 기술로 통제하고 도구화하는 과학기술 사회를 살아가고 있으며, 인간과 인간의 직접적이고 지속적인 인격 관계 대신 일회적이고 언제든지 단절할 수 있는 SNS에 기초한 관계를 형성하고 있다. 이 때문에 영혼을 결핍하고 있는 자본과 '스마트 기기' 중심의 사회에서 자신의 참된 정체성과 내면을 돌아보고 성찰할 수 있는 시간을 갖기란 의식적인 노력 없이는 거의 불가능한 상태이다. 역설적이지만 그렇기 때문에 더욱더 의식적인 노력이 절실하게 필요한 때이기도 하다. 이 점에서 경(敬)을 중심에 두고, 늘 자기 마음을 살피고 경계해야 하며 항상 깨어 있어야 한다는 이황의 가르침은 오늘날에도 우리 모두의 공명을 얻기에 충분한 가치를 지닌다.

사단은 정이고, 칠정도 정이니 두 가지 모두 같은 정이다. 그런데 서로 이름이 다른 이유는 나아가 말한 바가 다르기 때문인데, 그렇기 때문에 서로를 구별하지 않을 수 없다.

성(性)에 대해서는 리와 기, 즉 본연지성과 기질지성으로 나눌 수 있는데, 왜 정(情)에 대해서는 그것이 불가능하겠는가?

맹자의 사단은 모두 선하고, 칠정은 아직 선악이 결정되지 않았기 때문에 소중하게 여기는 바를 가리켜 말한다면, '사단은 리가 되고, 칠정은 기가 된다'고 말할 수 있다.

사단과 칠정의 관계는 각각 대응시켜 나눈다면 칠정은 기에, 사단은 리에 관계 지을 수 있다.

사단과 칠정이 모두 사물과 접촉(감응)하여 움직인다는 점은 같지만, 사단은 리가 드러남에 기가 리를 따르고, 칠정은 기가 드러남에 리가 기를 탄 것이다.

마음의 이치는 매우 방대하기 때문에 …… 진실로 경(敬)으로써 일관되게 하지 않으면 성(性)을 보존하여 체(體)를 확립할 수 없다. 군자의 공부는 이 마음이 드러나지 않았을 때는 경(敬)을 주로 하여 존양(存養)하고, 이 마음이 이미 드러났을 때는 경(敬)을 주로 하여 성찰(省察)하면 된다. 거경(居敬)과 궁리(窮理)는 새의 두 날개와 같고, 수레의 두 바퀴와 같다.

경이란 태도를 엄숙하게 하고, 겉모습을 단정히 하며, 마음을 비워 밝게 하고, 조용히 하기를 한결같이 하는 것이다.

일반적으로 사람의 마음이 형기(形氣)로부터 나오는 것[발·發]은 배우지 않아도 저절로 알고, 애써 노력하지 않아도 저절로 잘 하기 때문에 겉과 속이 한결같다고 한다. 이것을 행동이 지(知)에 붙어 있다고 한다. 하지만 의리(義理)처럼 도덕의 경우는 그렇지 않다. 배우지 않으면 알지 못하고, 애써 노력하지 않으면 잘할 수 없다.

지금 여기의 인간이 만들어 가는 더 나은 인간, 더 나은 사회를 그리다

– 이이 –

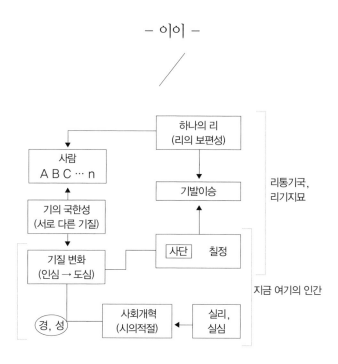

"마음공부를 하는 사람은 생각이 일어날 때 도심(道心)인 줄 알면 확충하면 되고, 인심(人心)인 줄 알면 반드시 도심으로 절제하여 인심이 언제나 도심의 말을 듣도록 한다. 그리하면 인심도 도심이 되기 때문에 리(理)를 보존하지 못할 이유가 없고, 인욕을 막지 못할 이유가 없다."

"마음이 참되지 못하면 만사가 거짓이고, 마음이 참되면 만사가 참이니 어떤 일도 이룰 수 있다."

이이가 35세이던 1571년(선조 4년), '이이를 중심으로 붕당의 조짐'이 있다는 상소가 올려졌다. 이이는 결코 있을 수 없는 일이라고 스스로를 변호했지만, 4년 후 조선의 정치는 동인과 서인으로 나뉘었고, 이이 자신은 서인으로 몰리게 되었다. 이이는 정치적 붕당을 조정하기 위해 적극적인 노력을 했지만, 결국 화해를 이끌어 내지 못한 채 세상을 떠났다.

우리에게 잘 알려진 이야기, 즉 일본에 다녀온 조선통신사 이야기는 당리당략에 치우친 당시의 정치적 분쟁이 국가와 백성을 얼마나 심각한 지경까지 내몰게 되었는가를 일깨운다. 왜냐하면 서인은 일본의 조선 침략 가능성을 주장했지만, 동인은 이를 완전히 부정하는 상반된 보고서를 내놓았기 때문이다. 물론, 잘못된 동인의 보고서를 채택했던 조선 정부가 1592년 임진왜란을 당하게 된 사실은 다시금 새롭게 언급할 필요가 없다.

이이 또한 세상을 떠나기 1년 전(1583년)에 선조에게 군인 양성을 주장하지만, 안정된 시기에 군사 분야에 재정을 쏟는 것은 재앙을 초래할 것이라는 유성룡의 주장에 밀려 창피만 당했다. 물론, 임진왜란이 일어나자 유성룡은 '율곡이야말로 진정한 성인'이었다고 진심을 표현했다고 한다.

이이가 시의적절(時宜適切), 즉 시대가 요구하는 것이 무엇인지를 가장 적절하게 파악했고, 이를 실천하려는 개혁성을 지녔다는 사실은 같은 해에 올린 '시무6조', 즉 지금 당장 시행하지 않으면 안 될 6가지에서도 잘 드러난다. 첫째, 어질고 능력 있는 인재를 등용하고 국방에 힘쓸 것, 둘째 백성에게 군인의 역할을 할 수 있도록 훈련시킬 것, 셋째 가용한 자원을 넉넉하게 하여 국방에 힘쓸 것, 넷째 국경의 수비를 강화할 것, 다섯째 전쟁에 사용할 말을 키울 것, 여섯째 백성의 윤리의식과 애국의식을 일깨울 것 등이다.

조선이 처해 있던 현실을 정확하게 진단하고, 이에 대응할 방안을 구체적으로 제시했던 이이의 현실주의적 개혁 정책을 통해 그의 철학적 입장을 이해하면 한층 더 잘 파악할 수 있다. 그리고 이와 관련된 철학 주제가 '사단칠정 논쟁'이다.

원래 성리학은 '심통성정(心統性情)', 즉 마음은 (도덕적) 본성과 감정을 통합하고 중심이 된다고 주장하며, 또 마음의 본체를 성(性)이라 보아 '성즉리'를 강조한다. 이 때문에 정(情), 즉 감정에 대해서는 크게 관심을 보이지 않은 측면이 있다. 하지만 조선의 성리학은 이 감정, 즉 마음이 구체적으로 드러나고 작용하는 것에 더욱 관심을 보였는데, 이것이 사단칠정 논쟁으로까지 발전한다.

앞에서 이황은 '사단은 리가 드러난 것이고, 칠정은 기가 드러난 것'이라고 주장했다. 그런데 이제 막 정계에 진출한 33세의 기대승(고향 광주)은 원로 대학자인 이황(59세, 고향 안동)의 사단칠정론에 대한 이러한 해석에 반대하면서 자신의 입장을 밝힌다. 1559부터 시작된 이 논쟁은 1566까지 무려 9통의 편지를 주고받는 과정을 거치는데, 이것은 조선 시대에 세대와 지역을 뛰어넘어 소통과 상호 신뢰에 기초한 가장 아름다운 학문 논쟁으로 알려져 있다.

그렇다면 사단과 칠정에 관한 기대승의 입장(사단과 칠정에 관한 입장은 이이와 기대승이 서로 같다)은 어떤 것일까? 먼저, 앞에서 살폈던 이황의 입장을 논증 구조를 통해 간략히 정리해 보자.

[논증1]
모든 사물은 리와 기로 환원해 설명할 수 있다.
인간의 감정은 하나의 사물이다.
그러므로 인간의 감정은 리와 기로 환원해 설명할 수 있다.

[논증2]
만약에 어떤 감정이 '순수한' 성질의 것이라면, 그 감정은 리와 관계 지을 수 있다.
오직 사단만이 (순수한 도덕) 감정이다.
그러므로 사단은 리와 관계 지을 수 있다.

우리는 [논증1]과 [논증2]를 종합함으로써 사단을 리와 관계 지어 이해할 수 있다. 그리고 성리학에서는 인간의 감정을 오직 사단과 칠정으로만 설명하기 때문에 남은 칠정은 기와 관계 지어 이해할 수 있다.

위와 같은 사고방식을 근거로 이황은 다음과 같은 하나의 제일 명제를 만들어 낸다.

사단은 리가 드러난(또는 작용한) 것이며, 칠정은 기가 드러난 것이다.

반면, 기대승과 이이의 생각은 이황과 달랐는데, 이들의 생각을 논증 구조로 바꾸어 보면 다음과 같다.

[논증3]

인간의 모든 감정을 포괄하면 오직 칠정 이외에 다른 감정은 없다.

만약에 사단이 인간의 어떤 감정이라면, 그것은 칠정에 포함되어야 한다.

사단은 인간의 순수한 도덕 감정이다.

그러므로 사단은 칠정에 포함된다.

[논증4]

리는 무형무위이기 때문에 운동과 작용 능력이 없다.

오직 기만이 유형유위이기 때문에 운동과 작용 능력이 있다.

마음의 작용인 감정은 기의 유형유위이다.

그러므로 감정은 기의 운동과 작용 능력을 표현한다.

위의 [논증3]과 [논증4]를 종합하면, 사단과 칠정은 모두 인간의 감정에 해당하기 때문에 무형무위인 리가 작용하여 드러나는 것이 아니라, 오직 유형유위인 기가 운동함으로써 드러나는 것이라 할 수 있다. 그리고 사단은 비록 그것이 도덕적인 감정일지라도 [논증3]에 따라 오직 칠정의 범위 내에서만 생각할 수 있는 감정일 뿐이다. 즉, 우리가 갖고 있는 모든 감정을 의미하는 칠정 중에서 특별히 그 일부분에 해당하는 도덕적인 감정만을 가려내 사단이라 부른다는 말이다.

이렇게 볼 때, 이황이 사단과 칠정의 감정을 엄격하게 구분 짓고자 한 반면, 기대승과 이이는 이것들을 하나의 감정(칠정)에 포섭한 다음, 그 안에서 사단을 이해하고자 한 것으로 볼 수 있다. 왜냐하면 이이는 이황처럼 인간의 순수한 이치로서 사덕이라는 이상에 집중하기보다는, 지금 여기에서 관찰되고 있는 현실의 인간 모습에서 시작해 인간의 보편적 이념인 리를 지향하고 실현할 수 있도록 나가는 것이 더 합리적이라고 보았기 때문이다. 이것은 이이가 이념, 즉 리를 결코 소홀히 해서가 아니라 어떤 이념이나 도덕적 가치도 그것이 행해져 실현되어야 할 곳은 바로 지금 여기의 현실이라는 점을 놓치지 않았기 때문이다.

리통기국, 리기지묘, 기발이승, 기질 변화

리와 기에 대한 이이의 이러한 믿음은 '리기호발'이 아니라 오직 '기발이승(氣發理乘)' 한 가지 방식만을 인정하는 다음의 명제들로 구체화되었다.

드러나고 활동하는 것은 오직 기이며,
드러나고 활동하게 하는 그 근거(까닭)는 리이다.

칠정은 사단을 포함한다(겸한다).

비록 감정은 다양하지만, 그 근거는 오직 하나의 리이다.

그러므로 사단은 리가, 칠정은 기가 드러난 것이라 하여 두 개의 근원을 주장해서는 안 된다.

"두 개의 근원을 주장해서는 안 되며", "감정은 다양하지만 오직 하나의 리"가 있을 뿐이라는 위의 명제는 이이의 성리학이 지닌 독창성을 드러내는데, 그것이 우리에게 알려진 '리통기국(理通氣局)' 또는 '리기지묘(理氣之妙)' 논리이다.

그렇다면 '하나의 리'란 무엇을 의미하는가? 예를 들어, 조선시대이든 지금 여기이든, 서양이든 동양이든, 한국인이든 서구인이든 상관없이 사람이라면 사람일 수밖에 없는 어떤 리(이치 · 원리 · 본질 · 기준)가 존재하며, 그것은 시공을 넘어 언제나 같은 것이어야 한다. 요컨대 '도덕 감정'이나 '이성'이 인간의 이치라면, 이것은 시간과 공간을 넘어 인간을 정의하는 '보편적인 원리'가 되어야 한다는 뜻이다. 한마디로, 리(理)란 언제 어디에서나 보편적으로 적용되는 어떤 것(인간)이 그 어떤 것(인간)인지에 대한 '까닭'이다. 따라서 어떤 것(인간)이 있으면 반드시 그것(인간)에게는 그것(인간)을 규정하는 본질이 있음을 의미한다. 이것을 '리의 보편성' 또는 '리통(理通)'이라 부른다. 그렇기 때문에 근원이 두 개일 수는 없는 것이다.

그런데 인간의 감정이 칠정처럼 다양하듯이 각각의 한 사람 한 사람 또한 저마다 각기 다른 개성과 기질들을 가지고 있다. 어떤 사람은 소심하고 꼼꼼하며, 어떤 사람은 성질이 급해 참을성이 부족하다. 그런가 하면 어떤 사람은 사교적이지만 우유부단하고, 다른 어떤 사람은 깔끔하지만 엉뚱하기도 하다. 물론, 성격만 이렇게 다른 것이 아니라 생김새나 키 또한 모두 다양하다. 이이에 의하면, 이렇게 같은 인간이면서도 현실적이고 구체적인 인간이 사람마다 서로 다른 이유는 시간과 공간의 제약을 받는 기(氣)의 특수성 또는 제한적 성격 때문이다. 이것을 '기국(氣局)', 즉 '기의 국한성(局限性)'이라 부른다.

리와 기에 관한 이이의 이와 같은 주장을 '리통기국(理通氣局)'이라 한다. 이것을 더욱 쉽게 비유하면, 여러 개의 서로 다른 모양의 그릇[기·氣]들이 있고, 이들 그릇에 같은 물[리·理·]이 담겨 있는 경우를 생각해 보라. 물은 같은 물이기 때문에 서로 다른 그릇들 속에서도 공통적으로 통(通)하지만, 그릇들은 서로 다른 모양들이기 때문에 다를 뿐 아니라 제한적이다[기·氣].

이이 성리학의 독창성으로 평가받는 '리기지묘(理氣之妙)'는 자신의 리통기국과 그 맥락을 같이하면서, 또한 성리학의 근본 개념과 원리에 충실하고 있다. 다음의 논리 구조를 이해하면 리기지묘의 의미를 잘 파악할 수 있을 뿐만 아니라 이이가 리기지묘에 대해 '하나이면서 둘이고, 둘이면서 하나'라고 표현했던 이유도 명확하게 알 수 있다.

리는 형이상자이고, 기는 형이하자이다.
따라서 리와 기는 서로 다른 개념이다.

하나의 사물이 존재하면, 그것에는 반드시 리와 기가 결합되어 있다.
그런데 리와 기는 불상잡, 그리고 불상리의 관계이다.

그러므로 리와 기는 서로 다른 개념이지만, 하나의 사물에 함께 존
재한다.

위의 논리 구조처럼 리와 기는 서로 다른 개념이기 때문에 이 둘이
서로 구별된다는 것은 당연하다. 그럼에도 어떤 사물이 있기 위해서는
반드시 리와 기를 함께 필요로 하기 때문에 이 둘을 서로 엄격하게 분
리 짓는 것은 옳지 못하다. 이처럼 리와 기 사이의 묘(妙)한 관계를 표
현하는 단어가 '리기지묘'이다. 한마디로 리기의 관계가 표현할 수 없
을 만큼 깊이 있고 그윽하며 훌륭하다는 뜻이다.

한편, 리기지묘의 논리 바탕에는 이이가 추구했던 조화의 균형의 정
신이 반영되어 있다는 해석도 가능하다. 왜냐하면 리가 보편적 이념과
이상을 표현한다면, 기는 현실적인 것을 표현한다고 해석할 수 있기
때문이다. 명확하게 주리론적 입장을 드러냈던 이황과 달리, 이이가
리와 기 사이의 차이를 인정하면서도 이 둘 사이의 상호 긴밀성을 자신
의 기본적인 논리 체계로 삼았음을 발견할 수 있다.

우리 인간에게는 하늘의 이치(리)로서 본연지성이 내재하지만, 동시
에 각각의 한 사람 한 사람에게는 그들만의 기질 또한 현실적으로 존재
한다[기국·氣局]. 따라서 인간의 이념인 이상(본연지성)에만 집중하게
되면, 기질을 지닌 현실적인 인간의 모습을 소홀히 할 수 있는 문제가
생긴다. 이이는 바로 이 현실적인 인간에 주목하려 했다. 이것은 그가
기발이승을 주장한 것과도 같은 맥락을 이룬다.

이제 선악의 문제에서 중요한 것은 우리가 갖고 있는 칠정의 감정,

즉 아직 선도 아니고 악도 아닌 이 감정을 잘 단속하고 절제하여 우리의 마음[인심·人心]이 도덕적인 마음[도심·道心]을 한결같이 지향할 수 있도록 이끄는 노력이다.

앞에서 살폈듯이 이이에게 인간의 마음의 작용이란 칠정 이외에 다른 것이 없기 때문에 칠정인 인심이 사단이라는 도덕적인 마음으로 표현되도록 이끄는 노력을 하면 된다. 예를 들어, 칠정 중의 하나인 '기쁨[희·喜]의 감정'이 상황에 맞게 적절히 표현되는 경우를 보자. 어떤 사람이 자신의 어려운 역경을 이겨 내고 마침내 자신의 꿈을 이루었다는 뉴스를 듣고 함께 기뻐한다면, 이때의 '기쁨의 감정'은 곧 '도덕적 감정'과 일치하는 감정이라 할 수 있다. 그러므로 이것은 사단의 도덕 감정이 칠정의 보편적인 감정에 포함된다는 의미도 되지만, 현실 속에서 표현되는 인심으로서의 감정을 바로잡아 도덕적 욕구가 되도록 노력하는 것이 매우 중요하다는 말도 된다.

그런데 감정과 기질(氣質)을 바로잡아 사적인 욕망을 극복하려는 노력에는 이황처럼 '경(敬)'의 자세가 필요하다. 이 때문에 이이는 경(敬)을 실천함으로써 함양(涵養)과 성찰(省察)을 하고, 마음을 바로잡아[정심·正心], 마침내 진실함[성·誠]에 이르러야 한다고 가르쳤다.

성(誠)은 진실한 리(理)의 본체인데, 사람이 이 본체를 회복하지 못하는 이유는 사사로움이 이것을 가리기 때문이다. …… 따라서 기질의 맑음과 탁함, 순수함과 잡스러움을 노력하여 그 더럽혀진 것을 제거하고, 그 본성을 회복하면 조금도 더 할 것이 없이 선(善)

이 온전하게 갖추어진다.

지금 우리 시대에 이이의 생각이 갖는 의미에 대해 황의동 교수는 세 가지를 제시한다. 하나는 조화의 정신, 다른 하나는 개혁 정신, 마지막 하나는 실학 정신이다.

먼저, 조화의 정신은 '리기지묘'와 당쟁을 조정하기 위해 노력했던 그의 모습에서 발견할 수 있다. 우리 사회·정치를 설명할 때 '진영 논리'라는 용어가 자주 사용된다. 이 용어는 모든 주장이나 의견을 진보 대 보수, 좌파 대 우파, 민주 대 반민주, 우리 대 남, 복지 대 반복지, 적 대 동지처럼 이데올로기적 관점에서만 보고자 하는 인지 부조화에 의한 지적 편향성을 의미하는 용어이다.

따라서 이것은 우리 사회가 그만큼 조화와 화해를 하지 못하고 있다는 뜻이다. 우리 사회의 갈등을 극복하고, 상호 조정과 화해를 통해 더욱 건강한 사회로 나아가기 위해 이러한 진영 논리 대신 어느 때보다 조화의 논리가 필요하다.

개혁적 사고란 '시무6조'와 '때를 알고, 실(實)에 힘써야' 한다는 그의 "만언봉사" 상소문에서 잘 표현되고 있다. 일찍이 순자는 가장 큰 재난은 인간에 의한 재난이라 했는데, 이는 요즘 우리 사회에서 일어나고 있는 대형 사고들이 대부분 만연한 안전 불감증이나 준비 태만, 공직자의 무책임과 부정에서 비롯되고 있다는 현실과 정확히 들어맞는다. '시의적절(時宜適切)'한 개혁을 주장했던 이이의 정신이 요청되는 이유이다.

마지막으로, 실학적 사고란 이이가 성(誠)을 하늘에 대해서는 실리(實理)로, 인간에 대해서는 실심(實心)으로 규정한 데서 찾을 수 있다. 따라서 이이의 실학적 사고, 즉 개혁적이고 실질적인 효험(效驗, 일의 좋은 보람 또는 어떤 작용의 결과)을 중시하는 사고는 도덕성을 결핍하고 있는 단순한 결과지상주의를 말하는 것이 아니다. 그의 실학적 사고는 실리(實理)와 실심(實心)에 기초하며, 그 바탕에는 성(誠)이 자리 잡고 있다. 따라서 성(誠)과 실(實)은 서로 통하는 개념이며, 이 때문에서 성실(誠實)이라 할 수 있다.

우리나라는 그동안 결과로서 실(實)을 양적 성장의 극대화와 동일시하면서 사람의 체온을 간직한 '따뜻한 자본주의'가 아니라 정글의 '약육강식 자본주의'에 몰두해 왔다. 그 결과 양극화는 더욱 심화하고 있고, 34개 OECD 회원국 중 법정 최저 임금은 20위(2015년 5,580원)에 머물고 있다. 간디는 '노동이 없는 부', '도덕성이 없는 상업(이윤추구)' 활동이 나라를 무너뜨리는 죄악이라 했는데, 이는 도덕과 분리된 경제 활동이 가져올 불안한 우리의 현실과 미래를 예견한 것이다. 이이의 실심과 실리, 즉 도덕성에 기초한 경제로의 전환이 더욱 절실하게 필요한 때이다.

전하께서는 이전 시대의 많은 폐습을 이어받았기 때문에 마땅히 경장(更張)을 모색해 실행해야 하지만, 변혁을 전혀 않고 계십니다. 집을 지탱하는 재목이 썩어 쓰러지려 하는데 기둥 하나 바꾸지 않는 것은 그냥 앉아서 무너지기를 기다리는 것과 같습니다.

리통이란 만물이 하나의 리요, 기국이란 만물이 각각 하나의 기라는 말이다. 리일분수 (理一分殊)란 리는 본래 하나이고, 기가 같지 않음을 말한다.

본래 마음은 하나이기 때문에 성명(性命)에서 나온 것을 도심(道心), 형기(形氣)에서 나온 것을 인심(人心)이라 한다. 따라서 사단은 칠정을 겸할 수 없지만, 칠정은 사단을 겸한다.

발하는 것은 기이고, 발하는 까닭은 리이다. 마음이 곧바로 이치에서 발하면 도심이고, 마음이 기가 작용하여 나오면 인심인데, 인심은 칠정의 선악을 겸하고 있다.

칠정 이외에 별도로 사단이 있는 것이 아니다. 사단은 도심만을 말한 것이고, 칠정은 인심과 도심을 합쳐 말한 것이다.

사단을 칠정에 적용하면, 측은의 실마리는 사랑에 속하고, 수오는 악에 속하며, 공경은 염려와 두려움에 속하며, 시비는 합당한 감정을 표현할 것인지를 아는 것에 속한다. 그러므로 칠정을 말하면 사단은 그 안에 포함되어 있다.

리와 기는 하나이면서 둘이고, 둘이면서 하나이다. 어떤 차별이나 구별도 없이[혼연 · 渾然] 서로를 떠나지 않아 두 개의 존재라고 여길 수 없고, 비록 서로를 떠날 수 없지만 실제로 섞이지 않으니 하나라고 할 수도 없으니, 이것이 리기지묘이다.

마음공부를 하는 사람은 생각이 일어날 때 도심인 줄 알면 확충하면 되고, 인심인 줄 알면 반드시 도심으로 절제하여 인심이 언제나 도심의 말을 듣도록 한다. 그리하면 인심도 도심이 되기 때문에 리(理)를 보존하지 못할 이유가 없고, 인욕을 막지 못할 이유가 없다(즉, 기질의 변화).

정사를 돌볼 때는 때(시, 時)아는 것이 중요하고, 일을 할 때에는 실(實)에 힘쓰는 것이 중요하다. 정사를 하면서 때에 알맞게 할 줄 모르고, 일을 당하여 신실한 공효(功效)에 힘쓰지 않는다면, 비록 성왕과 지혜로운 신하가 만났다고 하더라도 정치의 효과는 나타나지 않을 것이다.

성(誠)은 하늘에 대해서는 실리(實理)요, 인간의 마음에 대해서는 실심(實心)이다.

마음이 참되지 못하면 만사가 거짓이고, 마음이 참되면 만사가 참이니 어떤 일도 이룰 수 있다.

조선의 성리학적 신분 사회에서 자유의지를 따르는 주체적 삶을 외치다

- 정약용 -

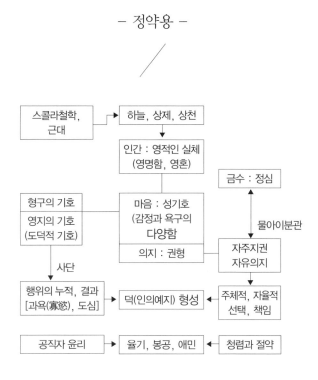

"우리 마음 안에는 본래부터 욕구가 있으며, 이 욕구가 없으면 천하의 어떤 일도 이루어질 수 없다."

"백성은 토지를 밭으로 여기는데, 벼슬아치들은 백성을 밭으로 삼는다. 이들은 백성의 살갗을 벗기고 골수를 두들기는 것을 밭갈이로 삼고, 머릿수를 센 다음 거두어들이는 것을 가을걷이로 삼는다."

서학, 혈기, 영혼, 물아이분관

　조선의 성리학적 신분 사회에서 천주교의 세례[세례명은 약망(若望, 요한)이며, 우리나라 첫 순교자 바오로 윤지충은 정약용의 가르침으로 천주교에 입교한 외사촌임]를 받고, 자유의지와 주체로서의 삶을 주장하고서도 무사할 수 있을까? 우리 역사를 이제 막 공부하기 시작하는 초등학생만 되어도 '정약용=실학자', '정약용=유배지에서의 삶', '정약용=『목민심서』'를 떠올리는 것은 익숙하다 못해 하나의 정답처럼 받아들여지고 있다. 하지만 우리가 정약용을 주목해야 할 더욱 중요한 이유는 그의 사고 체계 전반에 흐르는 근대 지향성과 새로운 인간관 때문이다.

　그는 사람이 살아갈 운명이 태어나면서부터 하늘에 의해 이미 정해져 있다는 조선의 운명론적인 신분 사회를 지탱하고 있던 성리학적 가정에 근본적인 물음을 던진다. 이 때문에 그의 사고는 개혁적이고 급진적인 것일 수밖에 없었다. 물론, 그가 이러한 생각을 하게 된 또 다른 배경에는 그가 중국으로부터 들여온 서양의 학문과 천주교를 가장 역동적인 20세를 전후해 깊이 공부했다는 사실도 빼놓을 수 없다.

　예를 들어, 정약용은 나무와 식물은 생명활동은 하지만 지각이 없고, 동물은 생명활동도 하고 지각은 있지만 영명하고 선함이 없다고 주장한다. 그는 오직 인간만이 영적인 속성[영명 · 靈明]과 선(善, 선의 욕구)을 지니고 있기 때문에 인간의 성품은 자연과 근본적으로 다르다고 생각했다. 이것을 정약용의 '성삼품설'이라고 하는데, 이는 마테오 리치의 주장과도 매우 닮아 있다. 마테오 리치는 '성(性)'대신 '혼(魂)'을 사용해 정약용처럼 세 가지로 분류하는데, 이들은 모두 인간의 고유성으로 영적인 속성을 주장한다.

또한 정약용의 이런 생각은 그가 성리학의 기본 입장으로부터도 벗어나고 있기 때문에 의미가 있다. 성리학이 '성즉리(性卽理)'에 기초한다는 것은 이미 살폈다. 하지만 정약용은 인간의 성(性)을 리(理)로서 파악한 것이 아니라 단지 다른 사물들과 달리 오직 인간에게만 속해 있는 고유한 속성 또는 성질로 보고 있다. 즉, 성(性)을 형이상적인 원리인 리(理)로 이해하지 않고, 단지 구체적이고 현실적인 존재[혈기 · 血氣]가 갖고 있는 능력이나 성질과 관련해 이해한다. 인간에 대한 이러한 이해로부터 우리는 정약용이 현실의 인간, 현실의 사회에 주목하게 되리라는 것, 그리고 이런 점이 그를 실학자의 길로 접어들게 하리라는 점을 미루어 추론할 수 있다.

세상의 모든 사상이 그렇듯이, 사상가로서 정약용 또한 그 시작은 인간과 사회에 대한 생각에서 비롯되었다. 이제 그가 우리 인간을 어떻게 바라보았는지에 대해 더 자세히 살펴보고, 그다음 정약용을 오늘날 더욱 절실하게 요청하도록 만든 그의 『목민심서』에 나타난 공직자의 마음 자세에 대해서도 알아보기로 하자.

위에서 보았듯이 정약용은 조선의 성리학적 입장과는 다른 철학적 관점에서 인간, 그리고 인간과 자연에 대해 말하고 있다. 성리학이 '인간과 사물의 리는 같다'고 주장하는 반면, 정약용은 '사람과 사물의 성(性)이 다르다[물아이분관 · 物我二分觀]'는 점을 명확히 하고 있다. 즉, 성리학이 인간을 포함해 모든 존재하는 것들을 리와 기의 관계로 환원해 파악한 반면, 정약용은 인간을 자연과 구분 지은 다음, 인간의 고유한 속성과 기능으로서 영적인 지각 능력(의식 능력, 마음)과 도덕 주체로서의 실천 능력에 주목한다.

바로 이러한 특성들이 우리가 정약용에 대해 주목해야 하는 이유들이다. 간단히 말해, 그의 사상 속에 담긴 근대적이며 현실지향적인 생각 때문이다.

상제, 성기호, 욕구, 자주지권, 영지(도덕)의 기호

서학의 영향을 받은 정약용은 신적인 존재인 하늘, 즉 상제(上帝, 하늘·땅·인간 밖에 있으면서 이 모든 만물을 만들고 그들을 다스리며 편안하게 길러 주는 자)가 '사람이 잉태하면 영명하고 형체가 없는 실체를 인간에게 부여'한다고 본다. 이 영명하고 형체가 없는 실체를 일반적인 용어로 '영혼(靈魂, 영체·靈體)'이라 해도 좋을 것이다. 정약용은 이 영혼을 기준으로 '성삼품설'을 제시하면서, 특히 오직 인간에게만은 정신적 능력과 지각 능력에 해당하는 마음이 있다고 주장한다. 이 마음은 식물과 동물에는 없고 오직 인간에게만 있는 고유한 속성이자 능력이다.

그런데 인간의 영적인 속성인 마음은 세 가지 측면을 지니고 있다. 하나는 기호(嗜好=성·性)이고, 다른 하나는 의지(意志=권형·權衡)이며, 마지막 하나는 행위[행사·行事]의 측면이다.

정약용은 마음의 기호 측면, 즉 '성기호(性嗜好)'에 대해 맹자가 말하는 측은지심, 수오지심, 사양지심, 시비지심의 사단은 모두 인간의 영적 특성인 우리의 마음이 좋아하는[기호·嗜好] 도덕적 성향(욕구)을 의미한다고 주장한다. 단지 인간은 맹자의 말처럼 '성선'으로 결정되어 있는 것이 아니라 선(도덕)을 지향하고자 하는 욕구(성향, 마음의 기호)를 지니고 있다는 뜻이다. 정약용은 이것을 '하늘이 인간에게 부여한 영명한 마음에는 선을 즐거워하고 악을 미워하며, 덕을 좋아하고 욕되는 것을 부끄러워하는 성향'이 있다는 것으로 해석한다.

그는 물의 본성이 아래로 흐르는 것을 좋아하고, 불의 본성이 위로 올라가는 것을 좋아하는 것처럼 인간의 본성 또한 선(善)을 행하려 하는 것을 좋아한다고 주장한다. 그뿐만 아니라 인간의 이와 같은 본성은 하늘이 인간에게 부여한 것으로 인간이 탐욕과 음란한 행위를 하더라도, 이 본성만은 변하는 것이 아니라고 주장한다. 이에 근거해 정약용은 탐욕과 음란한 행위를 하던 사람이 하루아침에 바뀌어 옳은 행동[의·義]을 하는 것도 인간에게 바로 이와 같은 선하려는 본성이 있기 때문이라 강조한다.

이처럼 인간의 본성에 선 또는 도덕을 지향하고자 하는 의지, 즉 선의지가 있다는 것이 그의 주장인데, 정약용은 이것을 인간의 기호(욕구) 중 '영지(靈知)의 기호'라고 규정하면서, 이를 '형구(形軀)의 기호'와 구분한다. 형구의 기호란, '우리가 육체를 지닌 몸이라는 특성에서 비롯되는 자연적이고 생물학적인 감각 욕구'를 말한다. 예를 들어, 우리 인간은 아름다운 색이나 맛있는 음식을 좋아하고, 힘들기보다 편안하기를 좋아하며, 자기에게 아름다운 말 하는 것을 듣기 좋아하는 욕구가 있다. 이것은 대체가 아니라 소체를 따르려는 욕구로 자신의 감각 욕구가 원하는 방향으로 따라가려는 경향이다.

이처럼 인간의 본성(性)으로서 기호에는 감각적 · 육체적 기호(성향)인 형구의 기호와 도덕적 기호(성향)인 영지의 기호가 있다.

이와 함께 우리의 마음이 지닌 속성 중 '의지(意志)'란 주체적 선택 능력을 의미하는 권형(權衡)과 관련된다. 권형이란 '저울의 균형 또는 척도'에 해당하는 말인데, 인간에게 권형의 기능을 하는 것이 다름 아닌 마음의 의지라는 뜻이다. 정리하면, 한 사람 한 사람이 갖고 있는 의지는 곧 자신의 혈기를 이끄는 힘을 말하는데, 이 의지가 선을 지향하느냐 혹은 악을 지향하느냐에 따라 그 결과인 행동이 선이 되기도 하고, 악이 되기도 한다는 것이다.

이것은 매우 중요한 의미를 함축하는데, 그 이유는 그가 성리학처럼 성선설을 주장하지 않으면서, 행위에 대한 도덕적 판단(선악)의 문제가 각자의 의지에 달려 있다고 주장하기 때문이다. 정약용은 이러한 주장의 논리적 근거로 하늘(상제)이 인간에게 주체적 의지, 즉 '자주지권(自主之權)'을 주었다는 점을 든다. 이렇게 되면, 인간은 이제 자신의 자유 의지에 따라 선을 행할 수도 있고, 악을 행할 수도 있는 존재가 된다. 물론, 그렇기 때문에 행동에 따른 책임[공과 · 功過] 또한 그 자신에게 있게 된다.

지금까지의 이야기를 정리하면, 하늘(상제)은 인간에게 형체가 없는 영적인 실체를 주었고, 그 영적인 실체인 마음의 속성에는 '성기호'와 '자주지권'이 있다. 그리고 자유 의지가 도덕적 기호(성향)에 따라 행위

함으로써 마침내 하나의 도덕적 '덕'으로 완성될 수 있다. 자유의지, 즉 마음의 권능인 '자주지권'에 의한 선택과 행동이 선 또는 악을 가늠하는 기준으로 작용한다.

한편, 중국에서 유입된 서학이 주로 스콜라 철학에 기반을 둔 중세 사상이라는 점, 그리고 그 스콜라 철학이 아리스토텔레스 사상의 영향을 깊게 받았다는 점을 고려하면, 정약용의 이러한 생각이 서학의 영향과 관련이 있으리라는 추측이 가능하다. 왜냐하면 정약용은 '덕' 자체를 타고난 본성으로 보지 않고, '각자의 실천적 의지를 통해 도덕적 행동(사단에 의한 도덕적 행위)을 쌓아 감으로써 마침내 덕(德)을 형성'하는 것이라 주장하는데, 이것은 아리스토텔레스의 중용의 윤리와 매우 비슷하기 때문이다.

마지막으로, 우리의 마음이 드러나는 모습으로서 감정(情)과 행위에 대해 알아보자. 정약용은 우리 마음의 작용이 성리학에서 말하는 것처럼, 『맹자』의 사단만도 아니고, 그렇다고 『예기』의 칠정만도 아니라고 주장한다. 그는 인간의 마음 작용인 감정은 결코 네 가지 또는 일곱 가지로 제한되지 않고 매우 다양하다는 점을 강조한다.

예를 들어, 부지런히 애쓰는 마음은 용(勇)의 시초이고, 흥에 겨워 춤을 추고 싶은 마음은 락(樂)의 시초이며, 고마움에 보답하고자 하는 마음은 신(信)의 시초라는 것이다. 따라서 마음의 작용은 성리학의 주장처럼 사단이나 칠정만으로 제한되지 않는다는 것이 그의 입장이다. 그뿐만 아니라 인간이 갖고 있는 이처럼 다양한 감정은 현실의 구체적인 행위 속에서 자유의지에 의한 선택에 따라 도덕적 기호를 반복적으로 지향할 때 마침내 도덕적 덕(德)으로서 지위를 이루게 된다는 것이 그의 생각이다.

자유의지, 자율성, 욕구, 도덕 주체, 과욕(寡欲)

한편, 정약용이 인간의 고유성으로 내세우는 마음의 정신 능력과 그에 따른 도덕적 기호(영지의 기호), 그리고 일상 속에서 행위를 이끄는 자유의지는 인간이 동물이나 식물과는 근본적으로 다른 존재라는 사실을 의미한다[물아이분관·物我二分觀]. 즉, 인간과 사물의 이치는 같은 것[만물일체·萬物一體]이 아니며, 오직 인간만이 도덕 주체라는 주장이다.

정약용은 자연과 인간의 차이를 '정심(定心)'과 '자주지권(마테오 리치에 의하면, 리심·理心)으로 구분한다. 예를 들어, 어떤 벌들은 여왕벌을 호위하는 역할에 충실하고, 또 어떤 벌들은 꿀을 만드는 역할에 충실하는데, 이것을 두고 충성스럽다고 말하지 않는 이유는 벌들의 이런 역할이 이미 자연적으로 정해져 있는 마음[정심·定心]에서 비롯되기 때문이다. 마찬가지로 숲에서 포식자인 맹수에 대해 인간의 법을 적용해 처벌하지 않는 것도 맹수가 자연적으로 이미 결정된 마음(정심)에 따라 그렇게 하기 때문이다.

반면, 우리 인간에게는 자주지권, 즉 자유의지에 따라 자율적이고 주체적으로 행동할 실천 능력이 있기 때문에 그에 따른 행위 결과에 대해 도덕적·법적 책임을 물을 수 있다. 자유의지와 도덕성, 주체와 자율성은 자연이 아닌 오직 인간의 마음에만 있는 고유한 속성이기 때문이다.

　나아가 정약용의 '기호'와 '자유의지'에 관한 주장에는 우리가 어떤 것을 '욕구하는 존재'라는 뜻이 내포되어 있고, 또 이 '욕구하는 대상'에 대한 책임이 주체인 자신에게 의존한다는 뜻도 포함되어 있다. 왜냐하면 기호가 '어떤 것을 좋아함'이기 때문에 이는 좋아하는 주체에게 욕구가 있다는 것을 전제로 하지 않으면 성립할 수 없는 개념이기 때문이다. 이 때문에 정약용은 욕구가 없다면 인간이 성취할 수 있는 일은 아무것도 없다고 주장했다.

　또 정약용의 이러한 생각에는 그가 인간을 육체와 영적인 속성이 결합된 존재라고 파악한 것과도 관련이 있다. 인간이 육체를 지닌 이상 감각적 욕구로부터 자유로울 수 없고, 그 감각적 욕구가 자유 의지와 결합해 어떤 대상을 지향하느냐에 따라 선과 악에 대한 도덕적 판단이 뒤따른다는 생각은 당연하다.

　인간에게 욕구(欲求)가 자연스런 것이고, 또 이것을 충족하려는 노력 또한 자연스런 것이라면, 인간에게서 욕구를 없앨 수 없다는 주장도 자연스런 것이다. 정약용은 이 지점에서 맹자의 생각[과욕 · 寡欲]을 받아들여 욕구를 없애고 금지하는 금욕주의에 반대하면서 욕구를 줄이는 한편, 욕구가 이익과 소체(小體)가 아니라 대체(大體), 즉 도덕적인 이치를 따르는 욕구가 되도록 노력해야 한다고 강조한다. 이 때문에 정약용은 매순간 욕구들 간에 전쟁이 일어나고 있는 우리의 마음속에 언제나 하늘(상제, 상천)이 존재하고 있음을 깨닫고, 늘 두려워하는 마음으로 생활해야 한다고 가르친다.

정약용(1762-1836)이 생존했던 시기와 거의 비슷한 시기에 서양에서는 우리에게 익숙한 루소(1712-1778), 애덤 스미스(1723-1790), 칸트(1724-1804), 헤겔(1770-1831), 벤담(1748-1832) 등이 활동했으며, 정치 · 사회적으로는 프랑스에서 시민혁명(1789)이 일어났다. 이는 서양에서 근대 계몽주의 사상, 그리고 산업혁명과 자본주의가 하나의 지배적인 흐름이 되었다는 뜻이다.

근대적인 시민의식과 경제 체제에서의 근본적인 변화, 그리고 인간정신의 계몽은 인권과 자유, 주체로서 인간과 자율성, 사회적 효용의 극대화라는 새로운 가치관들이 서구 사회의 근본적 변화를 이끌도록 하고 있었다. 이와 같은 서학의 정신을 일정부분 받아들인 정약용의 사고에도 서양의 근대적인 모습과 인간관이 두루 반영되어 있으며, 이는 조선 사회에 변화와 개혁을 촉구하는 내용으로 구체화되있다.

공직자, 율기, 봉공, 애민 : 위민

현재 우리 사회에서 가장 불신을 받고 있는 부패한 집단으로 국민은 정치인과 국회, 사법부와 정부를 지목한다. 특히 우리나라는 비공식적인 사회 조직이 갖고 있는 힘이 큰 연고주의(혈연 · 지연 · 학연 · 직연)적 성격이 강하기 때문에 그만큼 부패하고, 청렴성이 떨어질 수 있는 개연성이 높다. 이를 증명하듯이 우리나라는 '2013 부패인식지수'에서

177개국 중 46위(55점)를 기록했다. 우리나라는 아시아권에서도 싱가포르·홍콩·일본·타이완보다 훨씬 투명하지 못한 것으로 나타났다.

우리가 지금 정약용을 주목하는 또 다른 이유는 우리 사회의 부패친화적인 구조를 개혁하고, 특히 공직자의 윤리와 책임 의식을 확립하기 위해서이다. 정약용은 『목민심서』에서 공직자(목민관)로서 지녀야 할 마음의 근본을 세 가지, 첫째 율기(律己), 둘째 봉공(奉公), 셋째 애민(愛民)으로 제시한다. 이것은 공직자라면 모름지기 도덕성(율기)에 기초해 사회 공동체적 책무(봉공)를 다해야 하며, 최종적으로 백성을 사랑하는 위민(애민)을 실현해야 한다는 것으로 정리할 수 있다.

'율기'는 공직자 자신의 청렴성과 도덕성을 의미한다. 이를 실천하기 위한 방안으로 스스로 청렴하기 위해 몸과 마음가짐을 바르게 하며, 친척이나 친구의 사사로운 청탁을 배척하며, 절약하고 가난한 사람들을 도와 이들과 즐거움을 함께 나눌 것을 제시한다. 이는 오직 청렴한 사람만이 공직자가 되어야 한다는 가르침으로 받아들일 수 있다.

'봉공'은 공직자로서 공적인 일을 성실하고 봉사하는 마음으로 정성을 다해야 한다는 말이다. 예를 들어, 정부의 올바른 정책을 백성들에게 잘 전달하고, 공정한 법을 잘 지키는 것은 물론, 백성 앞에 공손하며, 백성의 권익을 위해 의리를 지키고, 공정하게 과세와 징수를 하는 것이다. 백성의 삶을 소중히 여기고, 위협이나 이익에 유혹되지 않으며, 법을 지켜야 한다는 것으로 정리할 수 있다.

'애민'이란 백성을 사랑하고 보호하는 위민(爲民)의 행정을 해야 한다는 내용이다. 즉, 공직자는 자립할 힘이 부족한 사람들과 재난으로 곤

궁에 처한 사람들을 우선 보살피고, 모범을 보이며, 또 노인들을 모심으로써 사회 풍속이 온화하고 덕이 넘치도록 해야 한다. 공직자가 백성의 부모라는 말은 곧 애민을 의미한다.

정약용에게 공직자란 백성을 가르치고 인도하며, 스스로를 백성을 위한 봉사자로 인식하고 실천하는 사람이다. 한마디로 민본주의 원리를 근본 가치로 받아들이고 실천하는 사람이다.

'관피아'는 지금 우리 사회의 공직자 부정부패를 설명하는 핵심 용어이다. '관피아'란 '관료'와 '마피아'의 합성어로, 정부의 고급 관료(공직자)가 퇴직한 다음, '낙하산'을 통해 유사 공공기관이나 각종 사익 추구 기관에 재취업해 요직을 독점하고 관민유착을 부추김으로써 부정과 부패를 합리화하고 일삼는 현상을 비판하는 새로운 단어이다.

우리 사회는 '모피아', '원전마피아', '해피아', '철피아' 등 모든 분야에 걸쳐 연줄 관계망으로 촘촘하게 결합된 관피아의 영향력으로부터 자유롭지 못하다. 이제껏 우리 사회를 지배해 온 관피아들의 적폐(엽관주의와 정실 및 연고주의)를 없애는 혁신의 근본에 정약용의 율기와 봉공, 애민의 공직자 윤리가 어느 때보다 절실히 필요한 때이다.

사람이 잉태하면, 하늘이 영명하고 형상이 없는 실체를 부여하는데, 그 실체란 선을 좋아
하고 악을 미워하며, 덕을 좋아하고 욕됨을 부끄러워하니, 이를 가리켜 성(性)이라 하고,
이것을 성선이라 한다(따라서 성(性)이란 성리학처럼 본체라 할 수 없다).

맹자는 성선의 이치를 밝히면서 기호(嗜好)로써 이를 밝혔다.

기질지성은 단 것을 좋아하고, 쓴 것을 싫어하며, 향기를 좋아하고 악취를 싫어한다. 천
명지성은 선을 좋아하고 악을 미워하며, 의를 좋아하고 탐욕을 미워한다.

불의를 보고 부끄러워하는 것을 도심이라 하고, 정력이 왕성해서 여인을 떠올리는 것을
인심이라 한다.

인의예지라는 이름과 명칭은 본래 사람들이 행위를 한 다음에 성립한다. 그러므로 남을
사랑한 다음 인(仁)이라 한다. …… 마음에 현묘한 이치가 있어 그런 것이 아니다. 하늘
(상천)이 인간에게 인의예지 네 가지를 부여했다는 말은 옳지 못하다.

하늘이 인간에게 주체적 결정 능력(자주지권)을 부여했다. 따라서 선하고자 하면 선을 이
루고, 악하고자 하면 악을 행할 수 있다. 이것은 금수가 고정된 마음[정심·定心]을 갖고
있는 것과 같지 않다.

우리 마음 안에는 본래부터 욕구가 있으며, 이 욕구가 없으면 천하의 어떤 일도 이루어질
수 없다. 사람이 선을 행하면, 그 공은 자신에게 있고, 악을 행하면 그 잘못은 자신에게
있다. 따라서 이것은 마음의 권능(權能)이지, 성품이 아니다.

만물이 하나의 몸(만물일체)이란 말은 옛 경전 어디에도 없다. 초목과 금수가 어찌 나와
한 몸이 될 수 있겠는가? 사람은 개처럼 새를 뒤쫓고, 도둑을 보고 짖을 수 없고, 소는
사람처럼 책을 읽고 이치를 탐구할 수 없다. 그러므로 사람과 사물의 성(性)이 같지 않다
는 것은 명확하다. 사람에게는 항상 서로 상반되는 두 의지가 있는데, 이는 인심과 도심
이 서로 충돌하는 것을 가리킨다.

군자가 어두운 곳에 있을 때에도 두려워하고 또 두려워하여 감히 악한 행동을 하지 못하
는 것은 상제(上帝)가 자기에게 임하고 있음을 알기 때문이다.

하늘은 매순간 일상생활 속에서도 계속하여 명을 내린다.

백성은 토지를 밭으로 여기는데 벼슬아치들은 백성을 밭으로 삼는다. 이들은 백성의 살
갗을 벗기고 골수를 두들기는 것을 밭갈이로 삼고, 머릿수를 센 다음 거두어들이는 것을
가을걷이로 삼는다. 한밤중에 아무리 은밀하게 주고받는 뇌물도 아침이면 드러나며, 청
렴의 소문이 날로 드러나 소문이 나면 이것은 삶에서 가장 큰 기쁨이다.

백성을 위해 수령(공직자)이 존재하는가? 수령을 위해 백성이 존재하는가? ……수령은
백성을 위해서 존재한다.

청렴은 공직자의 본래 직무이며, 모든 선의 원천이며, 모든 덕의 근본이다.

사람과 사회를 치유해 모두가 차별 없이 존중받는 새로운 세상을 담아내다

- 최제우 -

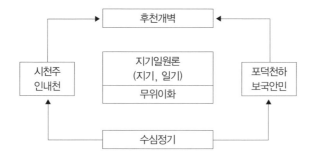

"어찌 사람만이 천주를 모셨겠는가? 사람이 바로 한울이니 사람 섬기기를 한울같이 하라(인내천 시천주)."

"어떤 생물도 이유 없이 해쳐서는 안 된다. 이것은 천주를 해치는 것이다. 사랑하고 불쌍히[대자대비·大慈大悲] 여겨 조화의 길을 따라야 한다."

동학 : 무위이화, 지기, 시천주, 인내천, 민족의식, 후천개벽

아버지로부터 유학을 공부했지만, 재혼녀의 자식이라는 신분적 한계는 최제우가 당시 조선 사회에 대해 문제의식을 갖게 하는 중요한 계기로 작용한다. 더욱이 최제우가 전생(全生)을 살았던 19세기 조선은 유교적 이상과는 완전히 상충되는 부조리(삼정의 문란과 세도정치)와 부정의가 극에 이르는 시기이기도 했다.

하지만 최제우의 신분적 한계는 오히려 유학 이외의 학문들에 대해 더욱 개방적이고 유연한 자세를 갖게 하는 데 도움이 되었다. 그는 유학은 물론, 불교와 도가, 나아가 천주교 관련 서적으로까지 자신의 사상 영역을 확장했다. 이 때문에 동학에는 유불도는 물론, 서양의 종교 개념도 일부 수용되었다. 이처럼 동학은 다양한 사상들을 주체적으로 수용하고, 이를 조화롭게 하여 종교적으로 승화시킨 사상이다.

최제우가 다른 명칭을 사용하지 않고, 굳이 '동학'이라 한 것은 동학의 독자성과 함께 민족 주체의식을 드러내기 위한 측면이 강하다. 최제우는 동쪽과 서쪽의 구분이 있듯이 자신의 깨달음과 학문은 동쪽에서 이루어진 것이기 때문에 서학이 될 수 없고, 동학이어야 한다는 점을 명확히 한다. 여기에는 탈중화적 성격은 물론, 당시 서학의 영향력을 다분히 의식한 그의 저항의식과 민족 주체의식이 강하게 작용한다.

최제우는 서학에 대해 '말에 차례가 없고, 글에 분별이 없어 도대체 한울님의 단서를 찾을 수 없고, 단지 제 한 몸만을 위해 빌 뿐'이라고 비판한다. 반면, "동학의 도(道)는 무위이화(無爲而化)이기 때문에 이 마음을 잘 지키고, 이 기운을 바르게 하며, 한울님(천주)의 성품을 간직한 채 한울님의 가르침을 받아들이면, 자연스런 가운데 조화가 이루어진다."고 주장한다.

그럼에도 불구하고, 최제우가 신앙의 대상을 '천주'로 표기해 사용하여 서학과의 혼란을 자초한 측면이 있다. 하지만 최제우에게 서학의 천주는 유일신으로서 창조주를 의미하기 때문에 음양의 이치에 의한 자연적 기화(氣化)라는 동학의 천주와는 분명히 다르다. 또 서학의 천주는 창조주로서 피조물인 인간과 구분되지만, 동학의 천주는 본질적으로 천인합일의 동질성에 기초한다. 이외에도 서학의 천주는 내세를 추구하지만, 동학의 천주는 현세에서의 행복과 즐거움을 기원한다. 이러한 차이에 기초해 최제우는 "몸에는 기화지신(氣化之神)이 없고, 학에는 한울님(천주)의 가르침이 없으니 형식은 있지만 자취가 없고, 생각하는 것 같지만 주문이 없는데, 어떻게 동학과 서학이 같다고 하겠는가?" 하면서 반문한다.

그럼, 서학과 다른 동학의 근본 원리는 무엇일까? 동학을 설명하는 유용한 개념으로 한울님, 즉 '지기(至氣)'를 들 수 있다. 지기란 아직 구체적인 형체를 갖추기 이전의 본래적 의미의 기(氣)이다. 최제우는 이것을 "지(至)란 지극하다는 뜻이고, 기(氣)란 신령스럽고 아득하여[허령창창·虛靈蒼蒼] 모든 사물에 관여하지 않음이 없고, 명령하지 않음이 없다. 또 형체가 있는 듯하면서도 뭐라 표현하기 어렵고, 들리는 것 같지만 보기는 어려우니, 천지 우주에 가득한 스스로의 힘과 원리(혼원, 混元)에 해당하는 한 기운[일기·一氣]"이라 설명한다.

한마디로 모든 존재하는 것들에 두루 존재하면서, 모든 존재들의 생성과 동정, 변화의 근본 원인이라 할 수 있다. 따라서 지기란 스스로 의지를 가지고 모든 것을 주재하고, 명령하는 궁극적 존재 정도로 이해할 수 있다. 지기는 우주의 궁극적 실재이며, 우주적 원기이고, 생명의 근원이면서 생성하는 힘이며, 영적인 실재이다. 하지만 인격적 유일신으로서 고정적 실체가 아니며 창조주 또한 아니다.

지기일원론(至氣一元論)에 기초할 때, 인간을 포함한 모든 존재는 자기 안에 이미 지기, 즉 천주가 내재하고 있다고 보아야 한다. 즉, 성·나이·신분·존재에 상관없이 모든 존재에는 천주가 내재해 있다. 동학에서는 이것을 '모시다[시·侍]'로 표현한다. 동학에서 '시'란 '~과 함께 있다', '모시다', '깨닫다'의 의미이다. 예를 들어, '천지만물이 시천주(侍天主)아닌 것이 없다'고 할 때, 이것은 모든 존재는 '천주와 함께 존재한다', 모든 존재 안에 '천주가 깃들어 있다', 모든 존재는 스스로 자신이 '천주라는 점을 깨닫고', 따라서 스스로 '천주를 모시는' 행동을 해야 한다는 말이다.

그러므로 어떤 생명도 함부로 이유 없이 해쳐서는 안 되는데, 그 이유는 그러한 모든 행동은 '스스로'를, 즉 '천주'를 해치는 행동이기 때문이다. 이러한 이유 때문에 해월 최시형은 "저 새소리도 시천주의 소리"이고, "땅을 소중히 여기기를 어머니 살 같이 해야 한다"고 가르쳤다. 현재적 관점에서 이것은 동학의 생명 사상을 드러내는 중요한 가르침으로 받아들여지고 있다.

이와 더불어 동학은 시천주, 즉 한울님의 마음을 잃지 않고, 지기를 길러 천인합일에 이르기 위한 수행 방법으로 수심정기(守心正氣)를 내세운다. 최제우는 "인의예지는 옛 성인의 가르침이요, 수심정기는 오직 내가 정한 것"이라 강조했고, 최시형은 "만약에 수심정기가 아니면 인의예지를 실천하기 어렵다"고 가르쳤다. 수심정기란 마음과 몸이 공부를 통해 하늘의 기운과 하나가 됨으로써 도덕 실천이 마침내 실질적인 효과를 거둘 수 있도록 하는 것이다.

동학의 정신은 최제우의 성장 환경과 그 시대 배경을 고려할 때, 요즘 유행하는 용어로 하면 '힐링(healing)'에 해당한다. 하지만 그 치유는 단지 사람의 마음과 정신의 치유만이 아니라 낡은 조선 사회에 대한 근원적 치유이기도 하다. 그리고 마음과 정신의 치유가 사람을 근본부터 바꾸듯이 조선 사회에 대한 치유 또한 새로운 사회로의 강한 열망을 담은 혁명의 성격을 띠게 된다.

동학의 이러한 열망은 후천개벽(後天開闢) 사상으로 구체화된다. 최제우의 '덕을 천하에 펼치라'는 포덕천하(布德天下)의 종교적 체험은 새로운 종교의 탄생이자 보국안민(輔國安民)에 의한 새로운 세상에 대한 염원을 담고 있다. 내적인 정신의 깨우침에 관심을 두지 않는 오늘날 동학이 주는 가르침은 내면에서의 정신 혁명을 통해 인간과 인간, 인간과 자연이 상생, 나아가 일체의 차별을 부정하는 인간의 존엄과 평등의 가치를 구현하기 위한 하나의 이념적 토대를 제공하고 있다.

원문을 음미하면서 깊이 읽기

나는 동쪽에서 태어나 동쪽에서 도(道)를 얻었기 때문에 도(道)는 비록 천도(天道)이지만, 학은 동학이다. 공자의 주장에 추로의 분위기가 있는 것은 그가 노나라에서 태어나 추나라에서 펼쳤기 때문이다. 우리의 도는 이 땅에서 이루어졌으니 어찌 서학이라 할 수 있겠는가?

나는 유자는 아니지만 유도(儒道)는 좋아하고, 불자는 아니지만 불도(佛道)는 좋아하며, 선도(仙徒)는 아니지만 선도(仙道)는 좋아한다.

우리의 도(道)는 무위이화(無爲而化)이다. 그 마음을 지키고 그 기운을 바르게 하면, 자연스런 가운데 모든 것이 조화(造化, 모든 것이 이치에 따라 생겨나고 길러진다)한다.

사람이 바로 한울이니 사람 섬기기를 한울같이 하라(인내천 시천주).

어찌 사람만이 천주를 모셨겠는가? 천지만물이 시천주 아닌 것이 없다. 그러므로 사람이 동식물을 취하는 것은 한울이 한울 자체를 키우기 위한 행동이다. 그렇지만 어떤 생물도 이유 없이 해쳐서는 안 된다. 이것은 천주를 해치는 것이다. 사랑하고 불쌍히[대자대비 · 大慈大悲] 여겨 조화의 길을 따라야 한다.

내 마음이 곧 네 마음이다[오심즉여심 · 吾心卽汝心].

시(侍)란 한울님을 깨달았다는 뜻이고, 천주에서 주(主)란 내 마음의 임이라는 뜻이다. 따라서 내 마음을 깨달으면 상제가 내 마음이다. 내가 내 마음을 모셨다는 뜻이다.

내 마음을 내가 공경하면 한울이 또한 즐거워한다. 수심정기는 바로 천지를 내 마음에 가까이 하는 것이니, 참된 마음은 한울이 반드시 좋아하고, 한울이 반드시 즐거워한다.

나에게 영부가 있으니 그 이름은 선약(仙藥)이요, 그 형상은 태극이요, 궁궁이니 나의 영부를 받아 사람을 질병에서 구하라[시천주조화정영세불망만사지 · 侍天主造化定永世不忘萬事知].

원한과 차별을 걷어내고 상생과 평등의
이상 사회를 열다

- 강일순 -

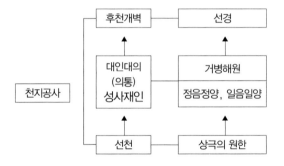

"원한(怨恨)이 맺히고 쌓여 … 참혹한 재앙을 일으켰다. 천지 도수를 뜯어고쳐 …… 모든 원한을 풀고 상생(相生)의 도(道)로써 선경(仙境)을 열고 …… 세상을 고치리라."

"모든 일에 조심하며, 남에게 척을 지지 말며, 죄를 멀리하여 순결한 마음으로 천지공사에 참여하라. …… 원한을 풀고 사랑하면 덕이 되어 복을 이룬다."

증산교 : 거병해원, 성사재인, 정음정양, 인의상생,
천지공사, 후천선경

증산교는 스스로를 '나는 미륵'이라고 선언하며, '세상의 모든 일을 내가 맡았기' 때문에 '선천의 모든 도수를 뜯어고쳐 후천의 선경(仙境)을 열고자' 한다는 강일순에 의해 창시된 민족 종교이다. 유불도와 무속 등 민간의 신앙체계를 바탕으로 성립한 증산교는 현세에서 지상 낙원을 실현하려는 후천개벽 사상이다.

『증산교사』(1977)에 의하면, "천도가 순연하여 조화를 이루어 만물이 번성해 지극함에 이르지만, 시간이 지나면 멸망의 시기가 다가온다. 이 시기가 되면 인욕이 제멋대로 행해져 무질서와 혼란[무도·無道]에 빠지게 되어 모두 병들고, 인간을 포함한 모든 존재들이 원한을 품게 된다. 이 때문에 우리 천사(天師)께서 성인으로 이 땅에 내려와 선천(先天)의 다한 운수를 마감하고, 후천의 무궁한 운수를 여신 것이다. 이로써 병이 물러가고, 원한이 풀리게 되어 천은 태평함을 얻어 조화의 토대가 마련된다. 천도와 인도가 하나인데, 마음이 그 가운데 있어 한 몸이 된다."

우리는 이로부터 증산교의 중심 개념인 '거병해원(祛病解冤, 질병과 재앙을 없애고 맺힌 원한을 풀어 준다)'과 '후천선경(後天仙境, 불평등과 상극의 이전 세계를 마감하고 평등과 상생의 이상적인 새로운 세상)'을 발견할 수 있다. 강일순은 이러한 대역사를 '천지공사(天地公事)'라 하며, 현세에서 지상낙원(선경)을 건설하려는 후천개벽을 전파한다.

더불어 증산교에서 천사란 신앙의 대상이며, 선천은 상극의 이치가 지배하는 불평등과 무질서의 현세이며, 후천은 상생의 이치가 중심이 되는 새로운 이상 세계를 의미한다. 또 개벽이란 인간과 하늘의 혼란과 무질서를 바로잡는 일과 관련된 용어이다.

한편, 증산교는 사람이 존중받는 인존(人尊)의 시대를 주장하는 사상이다. 강일순은 일을 계획하고, 그 일이 이루어지는지의 여부는 하늘에 달려 있는 것이 아니라 모두 사람의 뜻에 달려 있다고 주장한다[성사재인·成事在人]. 따라서 사람이 존중받는 상생과 평등의 세상이 되면, 남녀 관계도 평등해지고, 여성의 사회 참여도 자연스런 시대가 되기 때문에 남성이 여성의 뜻을 무시하고 일방적으로 권한을 행사하는 일은 일어나지 않는다. 이것을 『대순전경(大巡典經)』에서는 "남성의 희롱거리와 사역거리에 지나지 않았던 여성의 원망(怨望)을 풀어 정음정양(正陰正陽)함으로써 여성의 말을 듣지 않고서는 함부로 남성의 권리를 행하지 못하게 된다."고 설명한다. 이처럼 증산교는 정음정양, 일음일양(一陰一陽)을 통해 남녀평등 사상을 가르치고 있다.

강일순은 다양성을 인정하고 존중하지 않는 선천의 세상을 사람이 하고 싶은 일을 이루지 못하게 하는 '병든' 시대로 진단하고, 이 같은 병의 원인을 욕구가 충족되지 못해 발생하는 원한으로 보았다. 또 그는 모든 원한은 자연이나 하늘이 아니라 사람이 스스로 만들어 내는 것이라 생각했다. 이 때문에 그는 '도(道)'를 깨우쳐 의(義)에 통(通)함으로써 병이 없는 상태를 이상적인 상태로 추구했다. 그의 '크게 어질고 크게 의로우면 병이 없다[대인대의 무병·大仁大義 無病]'는 말은 병과 원한이 없는 이상적인 상태라 할 수 있다. 그리고 이러한 이상적인 상태는 원한이 없는 '선경(仙境)'이라는 이상 사회를 향하도록 하며, 선경이 실현되면 해원상생하여, 마침내 천지공사도 완성된다.

　동학과 증산교 모두 사람의 가치와 존엄성을 근본에 두고 후천을 기약하는 후천개벽 사상이라는 점에서 공통점을 지닌다. 하지만 동학을 따라다니며 동학의 실패를 목격했던 강일순의 관심을 끈 것은 반외세적인 민족 저항의식보다는 바로 눈앞에서 더욱 처참하게 일어나고 있는 민중의 죽음과 참담한 현실이었다. 이러한 문제의식과 역사의식은 자연스럽게 민중에게 희망과 자긍심을 주는 이념으로 구체화되었는데, 이것은 우리 민족이 후천개벽의 주체라는 생각과 관련된다.

　아직 강일순이 꿈꾸었던 이상적인 상생과 화해의 평화롭고 평등한 세상이 열렸다고 말할 수는 없다. 어쩌면 더욱 은밀하고도 교묘하며, 복잡하게 지배와 불평등의 관계가 고착화되고 있는지도 모른다. 겉으로 드러나는 형식적인 평등과 자유를 누리고 있는 덕에 우리 문명 뒤편의 근원적인 곳에서 작동하고 있는 지배 이념의 본질에 무관심한 것은 아닌지 돌아볼 때이다.

내가 이제 천지를 개벽하여 하늘과 땅을 뜯어고치고 무극대도(無極大道)를 세워 선천 상극의 운을 닫고, 조화선경(造化仙境)을 열어 고해에 빠진 억조창생을 건지려 하노라. 이제 온 천하를 한집안이 되게 하리니 너는 오직 순결한 마음으로 천지공정(天地公庭)에 참여하라.

선천(先天)에서는 상극의 이치가 인간과 사물을 맡았으므로 모든 것이 도의로부터 어그러져 원한(怨恨)이 맺히고 쌓여 삼계(三界)에 넘침으로써 마침내 살기가 터져 나와 세상에 참혹한 재앙을 일으켰다. 그러므로 이제 천지의 도수를 뜯어 고쳐 신도(神道)를 바로잡아 모든 원한을 풀고 상생(相生)의 도(道)로써 선경(仙境)을 열고 조화정부(造化政府)를 세워 하염없는 다스림과 말 없는 가르침으로 백성을 화(和)하며, 세상을 고치리라. …… 영원히 안정을 얻게 하는 것이 곧 선경을 건설하는 첫걸음이니라.

이제 말세를 당하여 앞으로 무극대운(無極大運)이 열리나니 모든 일에 조심하며, 남에게 척을 지지 말며, 죄를 멀리하여 순결한 마음으로 천지공사에 참여하라. 나는 삼계의 대권을 주재하여 조화로써 천지를 개벽하고 불로장생의 선경을 열어 고해에 빠진 중생을 구하려 한다. 원한을 풀고 사랑하면 덕이 되어 복을 이룬다.

대인의 도를 닦으려는 자는 먼저 아내의 뜻을 돌려 모든 일에 순종하게 해야 하나니 아무리 해도 그 마음을 돌리지 못하면 더욱 굽혀 예를 갖추면 마침내 순종하니 이것이 옛사람의 법이니라(정음정양).

선천에는 음(陰)을 체(體)로 하고, 양(陽)을 용(用)으로 삼았으나 후천에는 양을 체로 하고 음을 용으로 삼느니라.

천하의 백성들이 한마음 한뜻으로 살 수 있는 후천 오만년 선경세계를 건설하리라.

물질이 개벽되니 정신을 개벽하자

- 박중빈 -

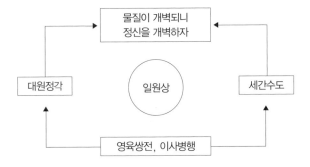

"묵은 세상을 새로운 세상으로 건설하게 되므로 이제부터는 새로운 세상의 새로운 종교는 수도와 생활이 둘이 아닌 살아 있는 종교여야 한다."

"큰 도는 서로 통하여 간격이 없는데, 사람이 그것을 알지 못하므로 스스로 간격을 짓게 되나니, 누구나 만법을 통하여 한 마음 밝히는 이치를 알아 행하면 가히 대원정각(大圓正覺)을 얻으리라."

원불교 : 이사병행, 영육쌍전, 일원상, 대원정각

"물질이 개벽되니 정신을 개벽하자"는 강령은 원불교(소태산 박중빈)의 정신을 가장 잘 드러내는 상징으로 받아들여지고 있다. 그런데 이 강령에는 전통적으로 서로 반대되는 두 개념이 병행하여 등장하고 있다는 점에 주목하자. 그것은 '물질'과 '정신'인데, 이것은 원불교가 물질과 정신을 별개의 것으로 구분 짓지 않고, 이 둘을 병행하여 공부해야 한다는 의미로 해석할 수 있다. 즉, 물질문명의 발달은 겉으로 볼 때 편리와 풍요를 제공하고 있는 것처럼 보이지만, 조금만 깊이 돌아보면 인간을 소외시키고 인간의 정신을 물질에 종속되게 하는 문제를 안고 있음이 드러난다.

이에 원불교는 물질·과학 문명의 발전에 예속되지 않는 인간의 정신, 물질문명의 속도를 제어하고 올바로 이끌어 갈 인간의 정신과 존엄성의 회복을 통해 새로운 세상을 열려는 취지에서 '물질개벽, 정신개벽'을 주장한다. 이 점에서 원불교 또한 '후천개벽'을 주장하는데, 이것은 다른 신흥 종교들과 같은 맥락을 이루고 있다.

한편, 원불교는 일제 식민지 기간 동안 고통스런 민중들이 희망과 용기를 갖도록 저축조합(신용협동조합)을 만들고, 금주·금연의 검소한 생활과 실천을 도모했을 뿐만 아니라 협력을 통해 간척 사업을 추진하기도 했다. 이러한 노력들은 희망이 없던 민중들을 물질적 궁핍에서 벗어나게 하는 데 도움을 주었고, 이를 통해 그에 상응하는 정신의 변화를 체험하도록 도와 새로운 세상에 대한 열망을 더욱 고취했다.

초기 원불교의 이러한 노력은 영육쌍전(靈肉雙全), 이사병행(理事竝行)으로 구체화된다. 원불교『대종경』에 따르면, "불가는 우주 만물이 형상이 없고 인과응보를 따른다는 깨우침을 주었고, 유가는 인의예지와 수제치평(修齊治平)을 가르쳐 주었으며, 선가는 우주 자연의 도에 따르는 청정무위를 밝혀 주었다. 하지만 이 모든 가르침들이 비록 다를지라도, 세상을 바르고 이롭게 하려는 점에서 모두 같기 때문에 서로를 분리 짓지 말고, 서로 통합하여 일원화하는 한편, 영육쌍전과 이사병행을 해야 한다."고 일깨운다.

이사병행은 도학과 과학, 정신적 가치와 물질적 가치를 함께 배워 이론과 실천을 함께 익힌다는 뜻이다. 즉, 우리의 정신과 육체를 균형 있게 공부해 우리의 삶이 이상과 현실 속에서 조화를 이루게 하자는 말이다. 영육쌍전 또한 수도 생활의 정신적인 삶과 의식주 같은 물질·경제적인 현실의 삶이 조화롭게 병행되어야 한다는 뜻이다. 이러한 정신을 살려 원불교는 차별 없는 평등한 세상, 한 사람 한 사람의 능력이 존중받는 이상적인 사회를 건설하고자 한다.

위의 사례들에서 본 것처럼, 원불교는 실천 불교적인 성격이 매우 강한 특성을 갖고 있다. 이것은 경전이나 우리 인간의 의식은 생활 속에서 실천으로 연결될 때 비로소 의미를 지닌다는 뜻이기도 하다. 이 때문에 원불교는 현실 도피적인 성격의 종교가 아니라 '세간수도', 즉 현실의 세상 속에서 실천하고 마음 공부할 것을 강조한다.

원불교에서는 출세간, 즉 일상을 벗어나 조용한 곳에서만 마음공부를 하려는 것은 마치 물고기를 잡으려는 사람이 물을 피하는 것과 같아무의미한 것이라 꼬집는다. 참된 마음공부(정신 수양)는 바깥에 있지 않고 오직 자기 마음을 온전하게 하는 데 있고, 자기가 몸담고 있는 현실의 삶 속에 있다는 뜻이다.

원불교의 또 다른 독특한 특성은 신앙의 대상이 일반적인 종교와 달리 '일원상(一圓相)'이라는 점이다. 원불교는 'ㅇ'를 신앙의 대상으로 삼는다. 따라서 원불교는 우리가 알고 있는 '불교'와도 그 성격이 다르다. 예를 들어, 일반적인 불교가 부처의 깨달음과 가르침을 신앙의 대상으로 한다면, 원불교는 일원상(ㅇ)을 대상으로 한다. 이 때문에 불교가 본존에 석가모니불을 모신 반면, 원불교는 '일원불', 즉 '일원상'을 모신다. 왜냐하면 일원상은 "우주 모든 것의 근본이며, 일체 중생의 본성"이기 때문이다.

또 불교는 삶을 고해(고통)로 보고 고통으로부터의 해탈을 주장하지만, 원불교는 '물질이 개벽되니 정신을 개벽하자'며 적극적이고 능동적 의지를 보인다. 이렇게 보면, 원불교는 불교의 한 종파가 아니라 한국적인 불교의 이상과 윤리적인 모습을 제시하려는 종교로 해석할 수 있다.

더불어 원불교를 상징하는 일원상의 의미를 더욱 쉽게 말한다면, "큰 도는 원융(모든 현상이 각각의 속성을 잃지 않으면서 서로 걸림 없이 원만하게 하나로 융합되어 있는 모습)하여 '유'와 '무'가 둘이 아니고, '이'와 '사'가 둘이 아니며, '생'과 '사'가 둘이 아니요, '동'과 '정'이 둘이 아니니, 둘이 아닌 이것에는 포함되지 않는 것이 없다"는 뜻이다. 따라서 "큰 도는 서로 통하여 분리나 경계가 없지만, 일반 사람들이 그것을 깨우치지 못해 스스로 경계와 거리를 만든다. 따라서 하나인 마음을 밝히는 이치를 깨우쳐 행하면 누구나 대원정각(大圓正覺)의 참된 큰 깨달음[대각·大覺]을 얻을 수 있다."는 의미로 이해할 수 있다. 한마디로, 부분적 깨달음이 아니라 전체적인 올바른 깨달음의 정신을 담아내고 있다. 그리고 '큰 도'란 원융성을 표현하는 진리로서 일원상을 말한다.

일원상이 존재하는 모든 것들의 궁극적 원리라면, 이 일원상을 부정하게 될 경우 어떤 것도 존재할 수 없다는 뜻이다. 원불교에서 말하는 '은(恩)'이란 바로 이것을 의미한다. 즉, 은이란 '없이는 살 수 없는 관계'로, 이것은 불교의 인과응보, 상호의존과 긴밀성(상호상관)에 대한 다른 표현이다. 원불교에서는 이 은을 사은(四恩)으로 제시하는데, 그것은 천지은, 부모은, 동포은, 법률은이다.

따라서 마땅히 사람이라면, 이 네 가지 큰 은혜를 항상 간직하고 감사하며, 자각하고 보은하는 삶을 살라고 가르친다. 그리고 그 구체적인 실천 내용에는 자력양성(스스로의 힘으로 생활함), 지자본위(知者本位, 자기보다 나은 사람을 스승으로 섬김), 타자녀교육(남의 자녀도 함께 교육함), 공도자숭배(대중을 위해 공도를 수행하는 사람을 존중함)의 삶이 있다.

원문을 음미하면서 깊이 읽기

일원(一圓)은 우주 만유의 본원이며, 제불 제성의 심인이며, 일체 중생의 본성이며, 대소유무(大小有無)에 분별이 없는 자리며, 생멸 거래에 변함이 없는 자리며, 선악 업보가 끊어진 자리며, 언어명상(言語名相)이 돈공(頓空, 문득 비어 버린) 한 자리로서 …… 은현자재(隱顯自在, 은밀히 나타나 스스로 존재함)하는 것이 곧 일원상의 진리니라.

원은 형이상으로, 말하자면 언어와 명상이 끊어진 자리이고, 무엇으로 표현할 수 없다. 형이하로 표현한다면, 우주 만물이 이 원 안에 표현되니, 이 원은 모든 법의 근원인 동시에 실재라 할 수 있다. 그러므로 원 이외에 다른 어떤 법(法)도 없다.

이 세상은 변하는 이치와 변하지 않는 이치로 이루어졌으니, 우주의 성주괴공(成住壞空)과 사계절의 순환이 그런 것이다. 인간의 생로병사와 길흉화복은 이렇게 변하는 이치에 속하는 것이고, 불변하는 이치는 자연하여 시종과 선후가 없는 것이다. 이것은 생멸이 없는 성품의 본체를 의미하는 것이다(일원상).

일원은 일체 만물의 근본 자리이다.

대종사 말씀하시길, 일원상을 신앙의 대상으로 하고, 그 진리를 믿어 복락을 구하라.

과거에는 도를 닦는 사람(수도인)이 세간 생활을 하면 수도인이 아니라 하여 직업 없이 놀고먹는 폐풍이 있어, 개인·가정·사회·국가에 해로운 영향을 미쳤다. 하지만 묵은 세상을 새로운 세상으로 건설하게 되므로 이제부터는 새로운 세상의 새로운 종교는 수도와 생활이 둘이 아닌 살아 있는 종교여야 한다.

큰 도는 서로 통하여 간격이 없는데, 사람이 그것을 알지 못하므로 스스로 간격을 짓게 되나니, 누구나 만법을 통하여 한 마음 밝히는 이치를 알아 행하면 가히 대원정각(大圓正覺)을 얻으리라.

후천개벽의 순서를 날이 새는 것에 비유하면, 수운 선생의 행적은 첫 새벽을 알리는 것이고, 증산 선생의 행적은 그 다음을 알리는 것이며, 대종사(소태산)께서는 날이 밝으매 그 일을 시작한 것이니라.

──────── • 글을 쓰면서 도움을 많이 받은 훌륭한 문헌들 •─────────

공자의 문도들 엮음, 조광수 옮김 ㅣ『논어』, 서울 : 책세상, 2004

곽철환 ㅣ『이것이 불교의 핵심이다』, 서울 : 불광출판사, 2014

금장태 ㅣ『다산실학탐구』, 서울 : 소학사, 2001

길희성 ㅣ『지눌의 선사상』, 서울 : 소나무, 2006

김용휘 ㅣ『우리 학문으로서 동학』, 서울 : 책세상, 2007

김현준 ㅣ『불교, 근본 교리』, 서울 : 효림, 2010

맹자 지음, 안회순 옮김 ㅣ『맹자』, 서울 : 책세상, 2005

맹자 지음, 우재호 옮김 ㅣ『맹자』, 서울 : 을유문화사, 2007

문종길 ㅣ『윤리와 사상, 텍스트와 함께 읽기』, 서울 : 인간사랑, 2009

문종길 ㅣ『윤리와 사상, 텍스트와 함께 읽기2』, 서울 : 인간사랑, 2011

백민정 ㅣ『강의실에 찾아온 유학자들』, 서울 : 사계절, 2007

백민정 ㅣ『정약용의 철학』, 서울 : 이학사, 2007

법상 ㅣ『붓다수업』, 서울 : 민족사, 2013

순자 지음, 김학주 옮김 ㅣ『순자』, 서울 : 을유문화사, 2003

신정근 ㅣ『동양철학의 유혹』, 서울 : 이학사, 2004

왕방웅 지음, 황갑연 옮김 ㅣ『맹자의 철학』, 서울 : 서광사, 2005

유명종 ㅣ『왕양명과 양명학』, 서울 : 청계, 2002

이강수 ㅣ『노자와 장자』, 서울 : 길, 2005

이강수, 이권 ㅣ『장자Ⅰ』, 서울 : 길, 2005

이철헌 ㅣ『대승불교의 가르침』, 서울 : 문중, 2008

정규훈 ㅣ『한국의 신종교』, 서울 : 서광사, 2001

정용선 |『장자의 해체적 사유』, 서울 : 사회평론, 2009

정인재 |『양명학의 정신』, 서울 : 세창출판사, 2014

진래 지음, 이종란 외 옮김 |『주희의 철학』, 서울 : 예문서원, 2002

최영진 외 지음 |『한국철학사』, 서울 : 새문사, 2009

최영진 외 |『한국철학사』, 서울 : 새문사, 2009

최영진 |『조선조 유학사상사의 양상』,

　　　　서울 : 성균관대학교출판부, 2005

최진석 |『도덕경』, 서울 : 소나무, 2002

풍우란 지음, 박성규 옮김 |『중국철학사, 하』, 서울 : 까치, 2002

한국불교원전연구회 |『인물로 보는 한국의 불교 사상』,

　　　　서울 : 예문서원, 2004

화령 |『불교, 교양으로 읽다』, 서울 : 민족사, 2007

황의동 |『율곡 이이』, 서울 : 살림, 2007

황의동 |『한국의 유학 사상』, 서울 : 서광사, 1995